Impacts et risques du dérèglement climatique

1. Territoires et risques liés au changement climatique

- Risque extrême
- Risque élevé
- Grand delta menacé

2. Des impacts écologiques

- Hausse des précipitations
- Baisse des précipitations
- Désertification
- Activité cyclonique accrue
- Risq
- Mont
- Fonte
- Fonte
- Dégr

3. Des impa

- Dégr agric
- Dégr de pê

ne
rémotrice
la Rance
ance)
66

Premier smart grid européen
qui ajuste l'offre
à la demande électrique
2000

2000

1988 - 2020
Prise de conscience des conséquences
du réchauffement climatique et augmentation
de la part des énergies renouvelables
dans la consommation d'énergie

la consommation mondiale
e par source entre 2008 et 2018*

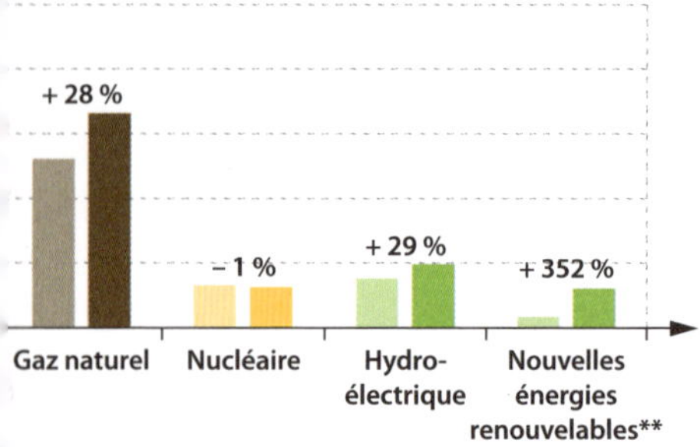

FICHES BAC

Tle

NOUVEAU BAC

Enseignement scientifique

TRONC COMMUN

Isabelle Bednarek-Maitrepierre
Jean-Paul Berthelot
Arnaud Blin
Marc Cantaloube
Ludovic Dion
Laurent Le Floch
Alain Le Grand
Arnaud Mamique
Grégory d'Orlando
Martine Salmon
Bruno Semelin
Christophe Thepaut

Hatier

Le site de vos révisions

L'achat de ce Fiches bac vous permet de bénéficier d'un **ACCÈS GRATUIT*** à toutes les **ressources** d'annabac.com (fiches, quiz, sujets corrigés...) et à ses **parcours de révision** personnalisés.

Pour profiter de cette offre, rendez-vous sur **www.annabac.com** dans la rubrique « Je profite de mon avantage client ».

* Selon les conditions précisées sur le site.

Maquette de principe : Frédéric Jély • **Mise en pages :** STDI
Iconographie : Pierre Philippon • **Schémas :** STDI
Édition : Laurianne Geoffroy, Damien Lagarde

ISBN 978-2-401-06434-8

SOMMAIRE

Quand vous avez révisé une fiche, cochez la case ❐ correspondante !

Science, climat et société

L'atmosphère terrestre et la vie

La complexité du système climatique

Le climat du futur

Énergie, choix de développement et futur climatique

Le futur des énergies

Deux siècles d'énergie électrique

Les atouts de l'électricité

L'optimisation du transport de l'électricité

Les choix énergétiques et leurs impacts sur les sociétés

Une histoire du vivant

La biodiversité et son évolution

DÉPLIANT

Deux frises chronologiques, une carte géographique et des cartes mentales

- De l'atmosphère primitive à l'atmosphère actuelle
- Développement des générateurs d'électricité et évolution de la consommation d'énergie
- Impacts et risques du dérèglement climatique
- Activités et actions humaines
- Le climat du futur

Crédits iconographiques
8 ph © Photoshot/Paal Hermansen/Biosphoto
9-h ph © imageBroker/Olaf Krüger/Biosphoto
9-b ph © John Cancalosi/Biosphoto
12-g ph © Mint Images/Frans Lanting/Biosphoto
12-d ph © Alfred Pasieka/Science Photo Library
14 ph © Gustavo Basso/NurPhoto/AFP Photo
18-h © Robert A. Rohde/Wikimedia Commons
18-b ph © CNES
20 © Luc Vanrell Immadras/Lampea
24 ph © Shawn Harrison, USGS Pacific Coastal and Marine Science Center/ Science Photo Library
28 ph © Joël Faure/Parc National des Ecrins
30 ph © Nasa's Scientific Visualization/Science Photo Library/Cosmos
32 © Mamor Hakim/Météo-France
36 ph © Jeroen Putmans/ANP Sport/Presse Sports
38 © Charpente-lucas.com
40 © Ville de Loos-en-Gohelle
46 © Sophitec
48 ph © Image China
54 © D.R.
68-h ph © Lia Fassbender/AFP Photo
68-b ph © Annette Soumillard/hemis.fr
70-h © Tood Dillon
70-b ph © Gaetan Bally/Keystone
72 ph © Vladimir Sindeyeve/NurPhoto/AFP Photo
76 ph © Christoph Gerigk/Biosphoto
80 ©Antoine Le Pajolec et Adrien Maitrepierre
84 ph © Science Photo Library
86 ph © David Tipling/Biosphoto
90 ph © Minden Pictures/Thomas Marent/Biosphoto
92 ph © Human Evolution/Getty-Images
94 ph © S. Entressangle/E. Daynes/Look at Sciences
100 ph © Eric Baccega/Age Fotostock
101 Doc. Wikipédia
102 © AquaCrop
105 ph © Sylvain Pelly/Musée des Arts et Métiers – Cnam
106 © Minecraft
108 ph © Patrick Herzog/AFP Photo
110 © D.R.
112 © Alphastar-DeepMind

Dépliant
I-h ph © Christian Gautier/Biosphoto
I-b ph © Heritage Images/Oxford Science Archive/Science Photo Library
II-h ph © Phil Degginger/Science Photo Library
II-b ph © Photo Researchers/NASA Ozone Watch/Biosphoto
III-h ph © Walter Myers/SPL/Cosmos
IV-h ph © CCI/Leemage/Bridgeman
IV-b ph © Wha/Bridgeman images
V-h © Cloudfront
V-m © Cdn Britannica
VI-h ph © David Ademas/PHOTOPQR/Ouest-France/MAXPPP
IX-h ph © Paul Souders/Biosphoto
IX-bd © Torresol Energy/Masdar/Sener
IX-bg ph © Getty Images
X © Météo-France
XI-b ph © ImageBroker/Andia
XII-b ph © Yann Arthus-Bertrand/hemis.fr

De l'atmosphère primitive à l'hydrosphère

1

☐ OK

Lors de la formation de la Terre, il y a 4,6 milliards d'années, l'atmosphère contenait beaucoup d'eau et de dioxyde de carbone. Depuis, elle s'est enrichie en dioxygène, permettant l'apparition de la vie.

I Les premières modifications de l'atmosphère

1 De l'atmosphère primitive à l'atmosphère actuelle

- L'atmosphère primitive, impropre à la vie, est essentiellement composée d'eau (80 %), avec une quantité importante de dioxyde de carbone (15 %)(doc. 1).
- Ces deux éléments sont peu présents dans l'atmosphère actuelle qui contient en revanche 21 % de dioxygène ▶ FICHE 2.

DOC. 1. Composition de l'atmosphère primitive et actuelle

	Atmosphère primitive	Atmosphère actuelle
H_2O	~ 80 %	Traces
CO_2	~ 15 %	0,03 %
N_2	~ 5 %	78 %
O_2	0 %	21 %

2 De l'eau atmosphérique à l'eau liquide

- À la suite de la formation de la Terre, son atmosphère riche en eau s'est refroidie en même temps que sa surface.
- Lorsque la température de l'atmosphère est descendue en dessous de 100 °C, l'eau est passée de l'état gazeux à l'état liquide (liquéfaction), entraînant l'apparition des océans.

DOC. 2. Diagramme des états de l'eau

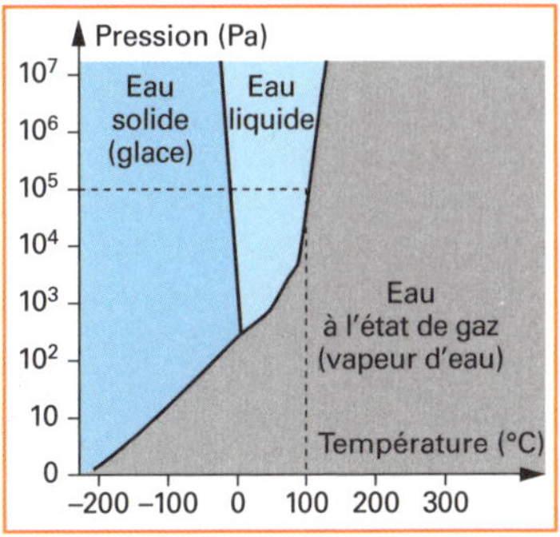

II L'hydrosphère, couche indispensable à la vie

- L'ensemble de l'eau disponible sur Terre, estimé à 1,5 milliards de kilomètres cubes et dont 97,5 % se trouve dans les océans, est appelé l'hydrosphère.
- C'est dans l'hydrosphère, et plus précisément dans les océans, que la vie est apparue. Les êtres vivants ont ensuite conquis le milieu aérien, entrant alors en contact avec l'atmosphère. La biosphère (ensemble des êtres vivants) est donc en interaction permanente avec l'atmosphère et l'hydrosphère.

DOC. 3. Les différents compartiments de l'hydrosphère

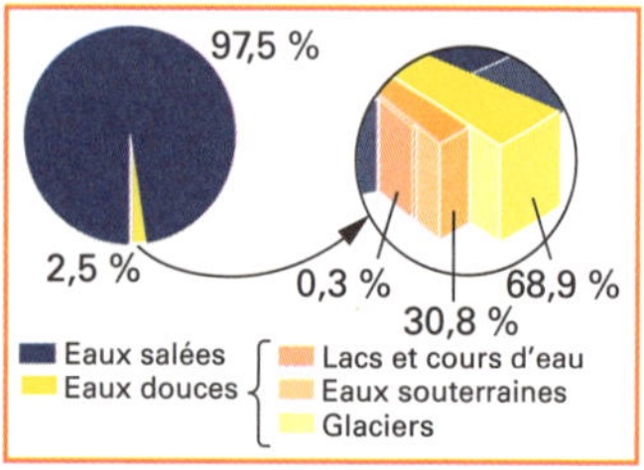

DOC. 4. Les différentes « sphères » de la Terre

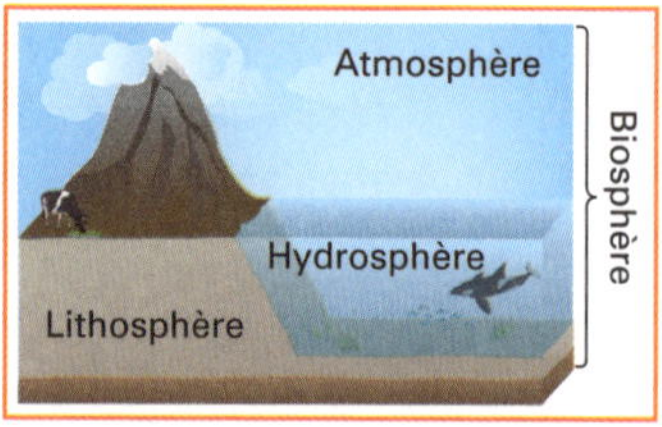

ZOOM

Les pluies acides et leurs conséquences

Toutes les parties de la sphère terrestre sont interdépendantes.

Par exemple, certaines industries humaines (biosphère) rejettent des polluants dans l'air (atmosphère) qui se combinent avec l'eau des nuages pour former des acides sulfurique ou nitrique. Ces acides retombent avec les pluies sur les lacs (hydrosphère) et les sols, impactant la faune et la flore (biosphère).

Végétation détruite par les pluies acides, Sibérie

Les premières formes de vie productrices de dioxygène

2

☐ OK

Des indices géologiques (fers rubanés, stromatolithes) permettent de dater l'augmentation de la part du dioxygène dans l'atmosphère, dont la concentration est stable depuis 500 millions d'années.

I L'apparition du dioxygène dans les océans

1 Les fers rubanés, témoins de l'oxydation

- Les fers rubanés ou BIF (*Banded Iron Formation*) sont des roches sédimentaires marines formées de lits bruns ou rouges, constitués essentiellement d'hématite (Fe_2O_3) dans laquelle le fer est à l'état ferrique Fe^{3+}.

Le passage du fer de l'état Fe^{2+} à l'état Fe^{3+} est une oxydation et témoigne de l'apparition de dioxygène (O_2) dans les océans entre 3,5 et 3 milliards d'années.

À noter

Équation de l'oxydation du fer :

$$2Fe(OH)_2 + \frac{1}{2} O_2 + H_2O \rightarrow 2Fe(OH)_3$$

DOC. 1. Fers rubanés (Groenland)

Une question se pose alors : quelle est l'origine du dioxygène des océans ?

2 Les stromatolithes à l'origine du dioxygène

- Les stromatolithes les plus âgés (fossiles constitués de couches sédimentaires liées à l'activité de cyanobactéries) sont datés d'environ 3,5 milliards d'années, période qui correspond à l'apparition du dioxygène dans les océans. Les cyanobactéries pourraient donc être à l'origine du changement de composition des océans.

DOC. 2. Stromatolithe fossile (Wyoming)

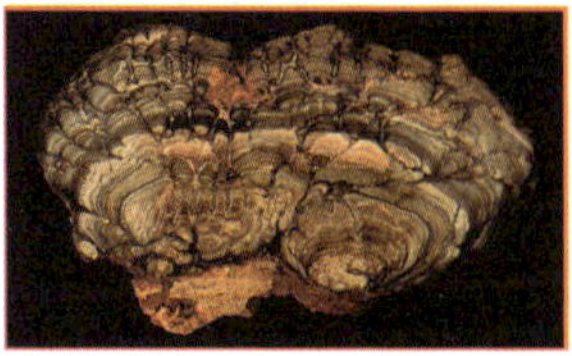

On observe actuellement des stromatolithes en formation et leur étude montre que les cyanobactéries qu'ils contiennent réalisent la **photosynthèse**, processus énergétique qui **consomme du dioxyde de carbone** et **produit du dioxygène**. Cette observation tend à confirmer que les cyanobactéries primitives réalisaient également la photosynthèse, et donc produisaient du dioxygène.

II Mise en place d'une atmosphère oxydante

Avant 2,2 milliards d'années, la présence de dépôts continentaux d'uranium sous sa forme réduite (uraninite) témoigne de l'absence de dioxygène dans l'atmosphère. **Après 2,2 milliards d'années**, on trouve de l'**uranium oxydé** qui indique la présence d'O_2 atmosphérique.

À partir de 2,2 milliards d'années, il est également possible d'observer des paléosols continentaux rouges, donc riches en **fer oxydé**, qui témoignent du passage à une atmosphère oxydante. L'oxygène dissous dans les océans s'est donc diffusé dans l'atmosphère.

Mot clé

Les **paléosols** sont des sols anciens formés dans des conditions atmosphériques différentes de celles que nous connaissons.

ZOOM

Des stromatolithes pleins de vie

Stromatolithes actuels de la baie de Shark (Australie)

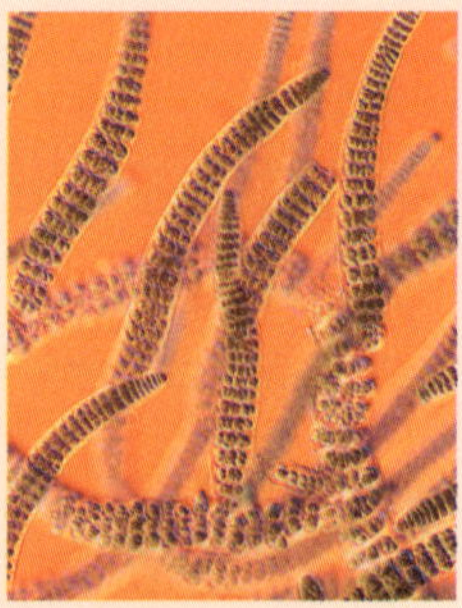

Cyanobactéries observées au microscope, × 40

Les cyanobactéries se trouvent à la surface du stromatolithe (comme un feutrage qui le recouvre). Le reste du stromatolithe est constitué de parties minérales agrégées par les bactéries anciennes.

Les échanges de dioxygène dans l'atmosphère

3

☐ OK

Le dioxygène est essentiel pour la respiration des êtres vivants et pour le maintien de la couche d'ozone qui les protège. Pour conserver un équilibre, les sources de dioxygène doivent compenser les puits de dioxygène.

I Les sources et les puits de dioxygène

1 La respiration puise quand la photosynthèse restitue

- Tous les êtres vivants consomment du dioxygène en respirant. La **respiration** est donc un **puits de dioxygène**.
- En plus de la respiration, les végétaux chlorophylliens réalisent la photosynthèse qui libère du dioxygène : la **photosynthèse** est donc une **source de dioxygène**. En produisant plus de la moitié du dioxygène de la planète, le phytoplancton des océans est le premier recycleur d'oxygène dans l'air que nous respirons.

Équation globale de la respiration	$C_6H_{12}O_6 + 6O_2 \Rightarrow 6CO_2 + 6H_2O$ consommation de dioxygène
Équation globale de la photosynthèse	**lumière** $6CO_2 + 6H_2O \Rightarrow C_6H_{12}O_6 + 6O_2$ production de dioxygène

- À l'échelle de la planète, la **biosphère** est, avec la respiration et la photosynthèse, à l'origine de l'essentiel des **variations du dioxygène atmosphérique**. Mais la quantité de dioxygène dans l'atmosphère étant très importante (21 %), ces variations peuvent être considérées comme minimes.

2 Les combustions naturelles ou anthropiques

Les **combustions** fonctionnent avec des réactions chimiques qui consomment du dioxygène et sont donc des **puits de dioxygène**. Elles peuvent être naturelles comme certains feux de forêt ou anthropiques par l'utilisation des énergies fossiles (gaz, pétrole, charbon) ou du bois.

Mot clé

Est qualifié d'**anthropique** ce qui résulte essentiellement de l'intervention humaine.

II La couche d'ozone protectrice

- Dans les hautes couches de l'atmosphère, à environ 30 km d'altitude, le dioxygène (O_2) est transformé en ozone (O_3) sous l'effet du rayonnement solaire.

- La couche d'ozone absorbe une partie des rayons ultraviolets solaires avec un maximum vers 260 nm de longueur d'onde, comme le montre le spectre d'absorption de l'ozone (doc. 2). L'absorption des ultraviolets par la molécule d'ADN est également maximale à 260 nm (doc. 3), ce qui peut entraîner des mutations. Ainsi, la présence de la couche d'ozone limite les mutations et protège donc les êtres vivants.

> **Mots clés**
> - Le **spectre d'absorption** est la quantité de rayonnement absorbée par un composé en fonction de la longueur d'onde.
> - Une **mutation** est une modification accidentelle de la séquence d'une molécule d'ADN.

DOC. 2. Spectre d'absorption de l'ozone

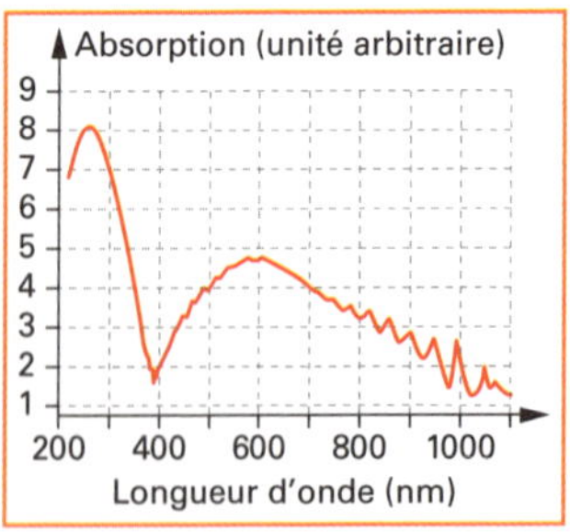

DOC. 3. Spectre d'absorption de l'ADN

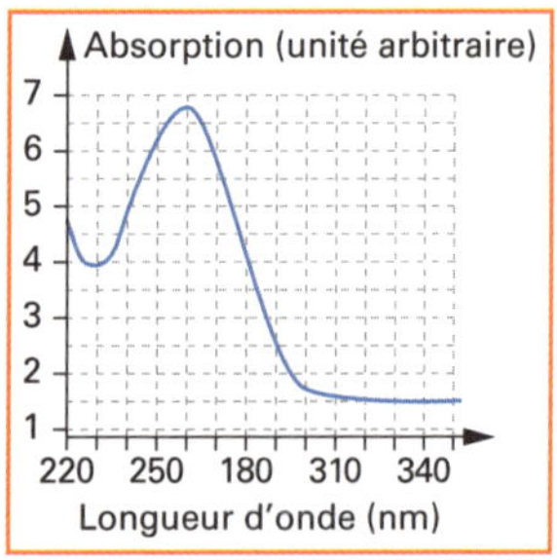

ZOOM

Le trou dans la couche d'ozone

Le protocole de Montréal, signé en 1987, a interdit l'utilisation des substances destructrices de la couche d'ozone. Cette action a permis la stabilisation de la superficie du trou.

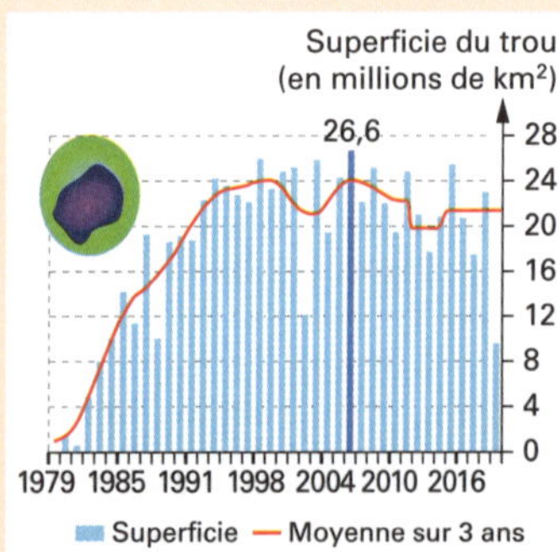

Superficie du trou dans la couche d'ozone de l'Antarctique (1979-2019)

Source : NASA.

L'atmosphère actuelle et le cycle du carbone

4

☐ OK

Le carbone, très présent dans l'atmosphère primitive sous forme de CO_2, s'est en grande partie dissous dans les océans mais persiste dans l'atmosphère actuelle, ainsi que dans les sols, les roches et la biosphère.

I Les réservoirs de carbone sur la planète

- À l'échelle planétaire, le carbone est stocké dans différents réservoirs : l'atmosphère sous forme de CO_2, la biosphère sous forme de biomasse, l'hydrosphère (océans) sous forme de carbonates dissous et surtout la lithosphère sous forme de roches carbonatées ou de biomasse fossilisée comme le pétrole, le gaz ou le charbon.

Mots clés

- La **biomasse** regroupe la matière organique d'origine végétale, animale, bactérienne ou fongique (champignons), utilisable comme source d'énergie.
- Les **roches carbonatées** sont des roches sédimentaires essentiellement composées de calcaire, donc riches en carbone.

- Les flux de carbone entre les réservoirs suivent un cycle globalement équilibré. Sur le schéma ci-dessous, les flux de carbone (en noir) sont indiqués en gigatonnes par an (Gt/an) et les stocks de carbone (en rouge) en gigatonnes (Gt). Pour l'atmosphère, par exemple, il existe des sources de carbone (respiration) et des puits de carbone (photosynthèse, dissolution du CO_2 dans les océans).

DOC. 1. Le cycle du carbone

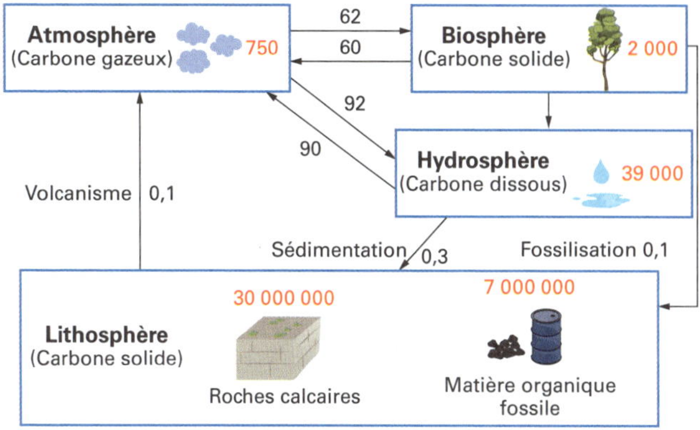

II Le CO_2 atmosphérique d'origine anthropique

- Depuis le début de l'ère industrielle, la corrélation entre les activités humaines et l'augmentation du taux de CO_2 atmosphérique est établie scientifiquement (doc. 2). Pour l'essentiel, la **pollution anthropique** de l'atmosphère par le CO_2 est liée à la **combustion de la biomasse fossile** (pétrole, gaz et charbon) qui permet de produire de l'énergie.

DOC. 2. Émissions de CO_2 par les activités humaines (en rouge) et leurs conséquences (en bleu)

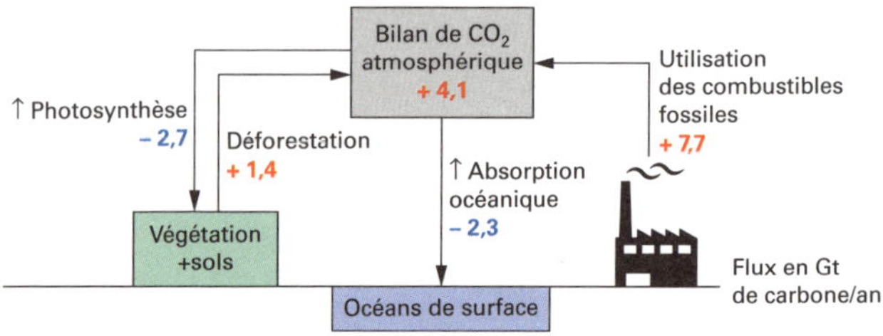

- Les **combustibles fossiles** se sont formés il y a plusieurs dizaines ou centaines de millions d'années. Leur vitesse de renouvellement dans le cycle du carbone est plus lente que celle de leur utilisation par l'Homme : ce sont des **ressources énergétiques non renouvelables**.

ZOOM

La déforestation et ses conséquences

Afin d'augmenter les surfaces des terres agricoles, des parcelles de forêts sont volontairement brûlées. Cette pratique diminue l'absorption de CO_2 par les végétaux (photosynthèse) tout en libérant du CO_2 dans l'atmosphère par combustion, ce qui contribue à déséquilibrer le cycle du carbone.

Un pompier dans une zone de l'Amazonie dévastée par des incendies, 2019

FLASHCARDS

Mémorisez les idées clés des fiches 1 à 4.

5

L'atmosphère terrestre et la vie

1

Quelles sont les différences entre la composition des atmosphères actuelle et primitive ?

FICHE 1

2

Comment est apparue l'hydrosphère ?

FICHE 1

3

Que sont les stromatolithes ?

FICHE 2

4

Quel rôle a joué la photosynthèse dans la modification de l'atmosphère ?

FICHE 3

5

Quels sont les puits et les sources de dioxygène ?

FICHE 3

6

Pourquoi la couche d'ozone est-elle protectrice pour les êtres vivants ?

FICHE 3

7

Quels sont les réservoirs de carbone au niveau de la planète ?

FICHE 4

8

Quelles sont les principales énergies non renouvelables ?

FICHE 4

RÉPONSES

Pour mieux ancrer les connaissances, découpez les cartes et jouez avec !

2

L'**hydrosphère** est apparue avec le refroidissement de la planète qui a entraîné un changement d'état de l'eau atmosphérique : elle est passée de l'état gazeux à l'état liquide.

1

L'**atmosphère actuelle** est riche en O_2 (21 %), pauvre en CO_2 (0,03 %) et en eau (traces). L'**atmosphère primitive** était dépourvue de O_2, très riche en eau (80 %) et contenait 15 % de CO_2.

4

La **photosynthèse** a libéré du dioxygène dans les océans, via les stromatolithes, puis dans l'atmosphère, via les plantes, ce qui a permis la mise en place de la respiration chez les êtres vivants.

3

Les **stromatolithes** sont des structures bio-géologiques édifiées par des algues (cyanobactéries).

6

La **couche d'ozone** absorbe certains rayons UV provenant du soleil et limite donc les mutations que ces derniers peuvent entraîner sur l'ADN des êtres vivants.

5

Les **puits de dioxygène** sont la respiration et les combustions. La principale source de dioxygène est la photosynthèse.

8

Les principales **énergies non renouvelables** sont :

- le charbon ;
- le pétrole ;
- le gaz.

7

Les **réservoirs de carbone** sont la lithosphère avec les roches carbonatées et la matière organique fossilisée, les océans avec les carbonates et, dans une moindre mesure, la biosphère avec la biomasse des êtres vivants et l'atmosphère.

Les climats et la température moyenne du globe

6

☐ OK

C'est à partir des mesures météorologiques, à l'échelle régionale et sur une période de 30 ans, qu'il est possible d'estimer la température moyenne de la Terre.

I La climatologie, science du climat

- Le climat d'une région se définit par l'ensemble des conditions météorologiques que l'on y rencontre à chaque saison. Les conditions observées pour définir un climat sont principalement : la température, la pression atmosphérique, le degré d'hygrométrie, la pluviométrie, la nébulosité, la vitesse et la direction des vents.

Mots clés
- L'**hygrométrie** mesure le taux d'humidité de l'air.
- La **nébulosité** dépend de la couverture nuageuse.

- Les paramètres météorologiques s'étudient à deux échelles de temps.
  - La météorologie étudie la prévision des phénomènes atmosphériques sur des périodes courtes (de quelques jours à quelques semaines) et pour des régions géographiques limitées.
  - La climatologie étudie les variations du climat à moyen ou long terme (sur plusieurs années, siècles, millénaires, etc.), à l'échelle locale mais aussi globale.
- Du fait de sa grande variabilité dans le temps ▶ FICHE 7, un climat est habituellement déterminé à partir de la moyenne des températures et de la moyenne des hauteurs de précipitations, dites « normales climatiques ». Elles sont calculées sur une durée de 30 ans.

DOC. 1. Climatogramme de Paris (normales climatiques moyennées sur la période 1981-2010)

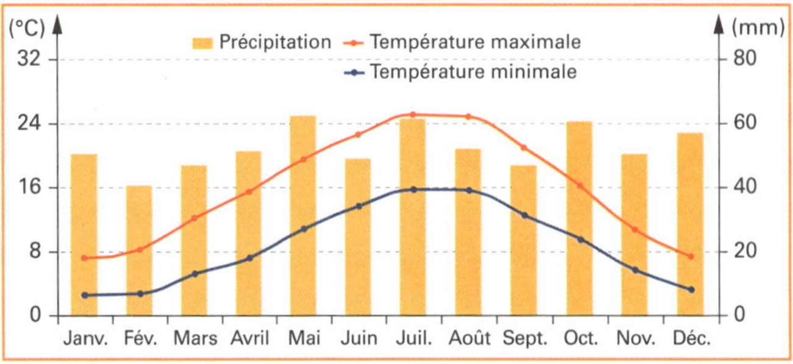

Source : Météo France

II La température moyenne globale de la Terre

L'énergie solaire reçue à sa surface est inégalement répartie selon la latitude. Les températures moyennes varient donc énormément à la surface du globe : de –20 °C au Groenland à +25 °C dans le Sahara (doc. 2).

DOC. 2. Température annuelle à la surface de la Terre, moyennée sur la période 1961-1990

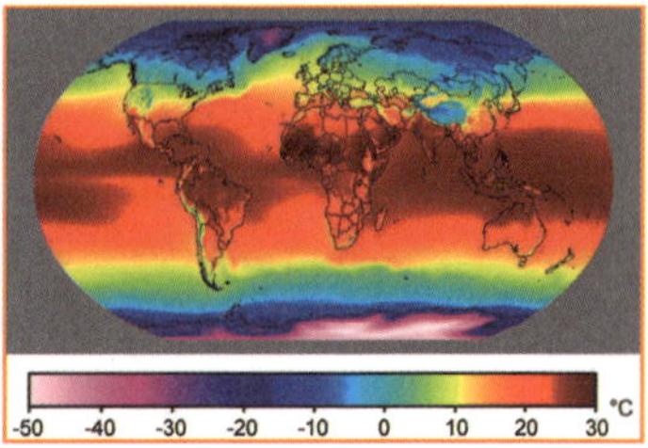

C'est à partir de la moyenne de toutes les valeurs locales de la température, en tout point du globe, que l'on obtient une **valeur globale de la température terrestre**. Elle est estimée à **14 °C ± 0,5 °C** sur la période 1961-1990.

Cette valeur est un **indice du climat global de la Terre**.

L'ensemble des mesures permet d'établir la température globale :
- au niveau des continents grâce aux stations météorologiques ;
- au niveau des océans à partir d'instruments de mesure embarqués sur des bouées ou sur des navires.

Les satellites peuvent mesurer d'autres indices du climat global comme l'**étendue des glaces polaires** et des **glaciers continentaux** ou le **volume des océans**. En effet, le volume et le niveau moyen des océans augmentent par dilatation thermique lorsqu'ils se réchauffent. De plus, l'eau issue de la fusion des glaces continentales (Groenland, Antarctique et glaciers continentaux) participe à cette augmentation.

ZOOM

Le niveau marin mesuré de l'espace avec SWOT

Le lancement du satellite Swot (Surface Water Ocean Topography) est prévu pour septembre 2021. Un des objectifs de ce satellite, issu d'un partenariat entre des agences spatiales européennes et américaines : mesurer le niveau marin avec une résolution de quelques dizaines de m^2, contre quelques km^2 pour les satellites actuels !

Vue d'artiste du satellite Swot

La variabilité du climat à différentes échelles

7

☐ OK

Connaître les variations du climat global de la Terre sur différentes échelles de temps permet de mettre en perspective les variations récentes du climat, dues aux activités humaines, par rapport à ses variations naturelles.

I La variabilité du climat du Quaternaire

- La période du **Quaternaire** se caractérise par une **forte oscillation climatique**, surtout au cours du dernier million d'années. Ce sont les teneurs en CO_2 des bulles d'air emprisonnées dans les glaces qui ont permis de reconstituer l'évolution des climats au cours de cette période (doc. 1).

DOC. 1. Évolution de la température globale de la Terre et de la teneur en CO_2 de l'atmosphère depuis 400 000 ans

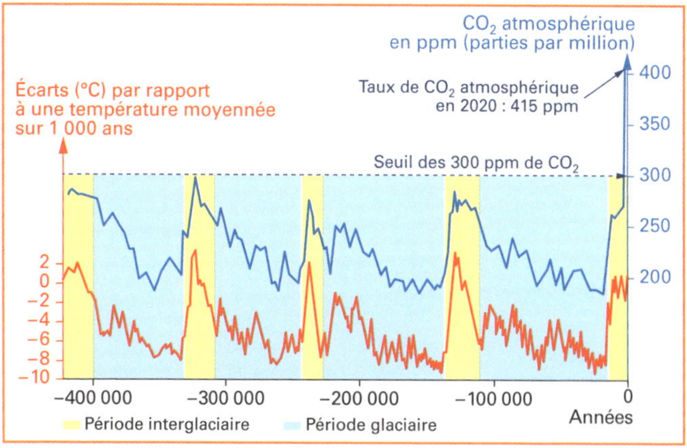

- Lors du **dernier million d'années**, le climat oscille entre des **périodes glaciaires** plus froides et longues (environ 90 000 ans) et des **périodes interglaciaires** plus chaudes et beaucoup plus courtes (entre 10 et 40 000 ans), avec une amplitude maximale de la température globale terrestre de 10 °C.

- De même, au cours de cette période, le taux du **CO_2 atmosphérique** oscille mais **ne dépasse jamais les 300 ppm** (parties par million), exception faite lors du XXe siècle où il n'a cessé d'augmenter (doc. 1).

II La variabilité du climat lors du dernier millénaire

- Au cours du dernier millénaire, la température globale de la Terre est assez stable. Elle montre de faibles variations (moins de 1 °C), avec une tendance au refroidissement pendant la période dite du « Petit âge glaciaire » (1350-1900).
- Depuis 150 ans, on observe au contraire un réchauffement climatique global rapide d'environ 1 °C. ▶ FICHE 8

DOC. 2. Évolution de la température globale dans l'hémisphère nord au cours du dernier millénaire

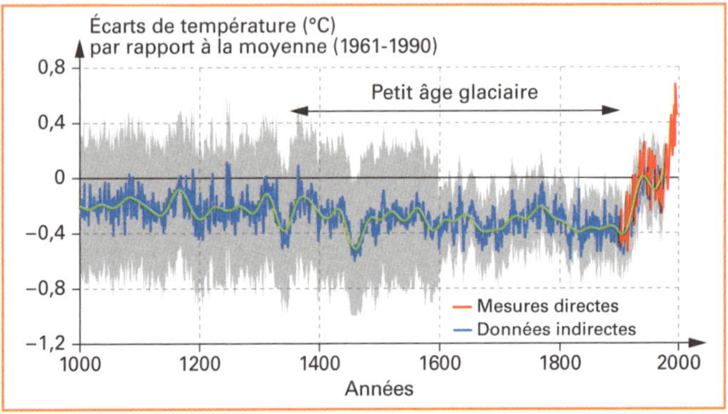

- Si l'on remonte sur plusieurs centaines de milliers d'années, on constate que l'augmentation de la température globale de la Terre et de la concentration atmosphérique en CO_2 n'a jamais été aussi rapide que ces 150 dernières années.

ZOOM

Des indices du climat passé sur les parois d'une grotte

Ce grand pingouin peint dans la grotte Cosquer (près de Marseille) et daté d'environ −19 000 ans atteste que le climat était beaucoup plus froid dans le sud de la France lors de la dernière période glaciaire qu'aujourd'hui.

Le réchauffement climatique

8

☐ OK

Le réchauffement climatique est lié au déséquilibre du bilan radiatif terrestre induit par l'Homme lors de la période industrielle.

I Les indicateurs du réchauffement climatique

- L'augmentation de la température moyenne mondiale a débuté avec l'ère industrielle et s'est surtout accentuée après 1900 pour atteindre 1 °C de plus en 2016.
- Le niveau marin, qui est un des indicateurs du réchauffement climatique, a augmenté d'environ 20 cm depuis 1900.

DOC. 1. Évolution de la température moyenne mondiale depuis 1850

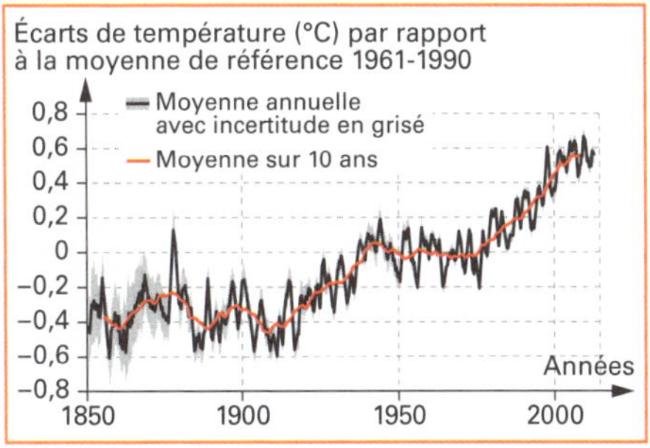

- Ces augmentations de la température et du niveau des océans peuvent être mises en parallèle avec celles des teneurs de l'atmosphère en gaz à effets de serre (GES) – dioxyde de carbone (CO_2), méthane (CH_4) et oxyde nitreux (N_2O) – qui ont fortement augmenté en raison des émissions engendrées par les activités humaines.

DOC. 2. Concentrations atmosphériques des GES depuis 1850

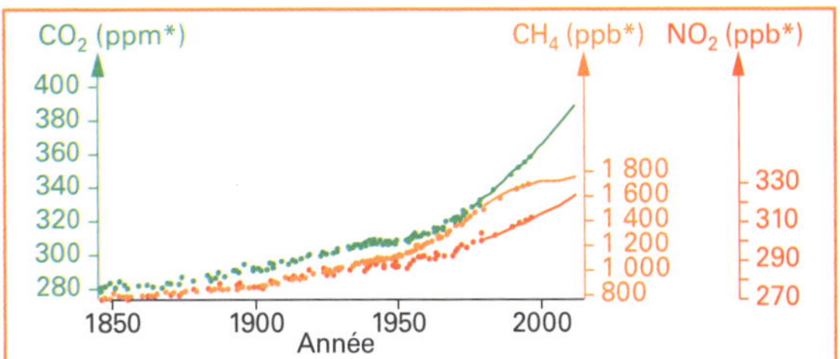

*ppm : partie par million (10^{-6})
**ppb : partie par billion ou milliard (10^{-9})

II Les GES et le forçage radiatif

- La **période préindustrielle** (antérieure à 1850) est caractérisée par un **bilan radiatif de la Terre en équilibre** : la puissance solaire absorbée par la Terre (+240 W·m^{-2}) est identique à celle émise par la Terre sous forme d'infrarouge vers l'espace (–240 W·m^{-2}).

- Depuis l'**ère industrielle**, le **bilan radiatif est déséquilibré**.

Les GES, plus concentrés dans l'atmosphère, absorbent davantage le rayonnement infrarouge émis par la surface terrestre et émettent vers la surface davantage de rayonnement infrarouge. Il en résulte un renforcement de l'effet de serre ou **effet de serre additionnel**.

DOC. 3. Bilan radiatif terrestre

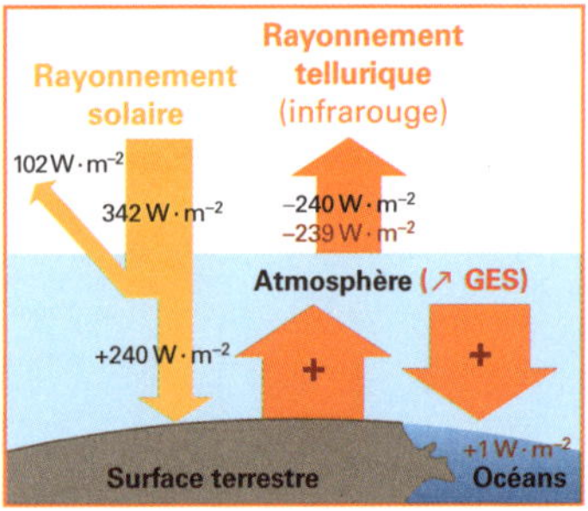

En rouge, les perturbations liées au forçage radiatif

- Cet effet de serre additionnel entraîne une perturbation de l'équilibre radiatif : le système Terre/atmosphère absorbe toujours 240 W·m^{-2} mais n'en émet que 239 W·m^{-2} vers l'espace (1 % étant absorbé par les océans), on parle de **forçage radiatif positif**.

- L'énergie supplémentaire est absorbée par les océans ▶ FICHE 9, l'atmosphère et les continents. Cela se traduit par une augmentation de la température moyenne à la surface de la Terre et par la montée du niveau des océans dont le volume augmente par dilatation thermique.

ZOOM

Quand les vendanges renseignent sur le climat

L'avancée des dates de vendanges en France est un marqueur du réchauffement climatique parmi d'autres utilisé par l'Observatoire national sur les effets du réchauffement climatique (ONERC).

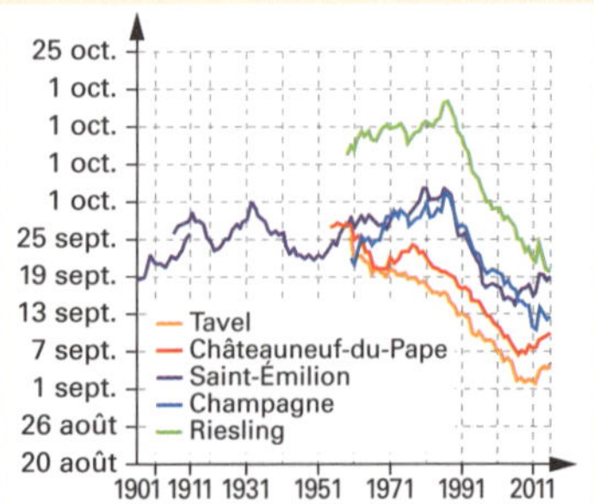

La dynamique du réchauffement climatique

9

☐ OK

La dynamique du réchauffement climatique résulte des interactions entre les différentes enveloppes externes du globe.

I Notion de rétroaction climatique

- Le **système climatique** est complexe : les enveloppes externes interagissent en échangeant de l'eau, du CO_2 et de l'énergie… Toute perturbation de l'une de ces enveloppes externes va agir sur les autres.
- Une **rétroaction** est une action en retour par rapport à un effet qui lui a donné naissance. Dans le cas du réchauffement climatique, le forçage radiatif positif va donner lieu à des rétroactions qui vont amplifier le réchauffement (**rétroactions positives**) ou au contraire l'atténuer (**rétroactions négatives**).

DOC. 1. Principe des boucles de rétroactions positive et négative

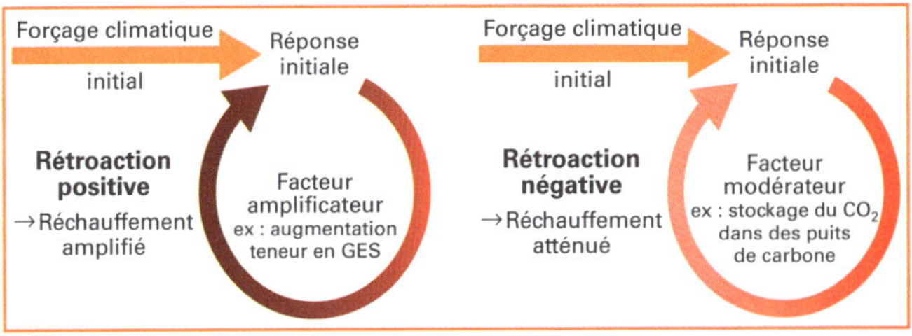

II Les rétroactions positives

- L'augmentation de la température moyenne terrestre entraîne de nombreuses **rétroactions positives** : une **évaporation** plus importante à la surface du globe d'où une augmentation de la concentration atmosphérique en vapeur d'eau, principal gaz à effet de serre ; une **diminution** de la surface couverte par les **glaces de mer ou continentales** d'où une diminution de l'**albédo** terrestre et une augmentation du rayonnement infrarouge émis par la Terre ; un **dégel** partiel du permafrost, qui renferme notamment de grandes quantités de méthane d'où une libération de GES dans l'atmosphère.
- L'augmentation de la température moyenne terrestre va donc renforcer l'effet de serre et entraîner **l'emballement du système climatique**.

III Les rétroactions négatives

- L'océan exerce une double rétroaction négative :
– il constitue le principal puits de CO_2 de la planète, le CO_2 étant très soluble dans l'eau, en particulier dans les eaux froides ;
– il absorbe à sa surface une fraction importante de l'apport additionnel d'énergie liée au réchauffement.

- Avec les augmentations de la température globale terrestre et de la teneur en CO_2 atmosphérique, la photosynthèse est plus efficace. Cet accroissement de la productivité végétale exerce aussi une rétroaction négative, car elle constitue un puits de carbone ou « puits de CO_2 », c'est-à-dire un réservoir permettant de stocker du carbone dans des molécules organiques.

- Si la végétation et les océans sont des puits de CO_2, ils ne sont pas suffisamment importants pour compenser les émissions anthropiques.

DOC. 2. Flux de carbone depuis 1960

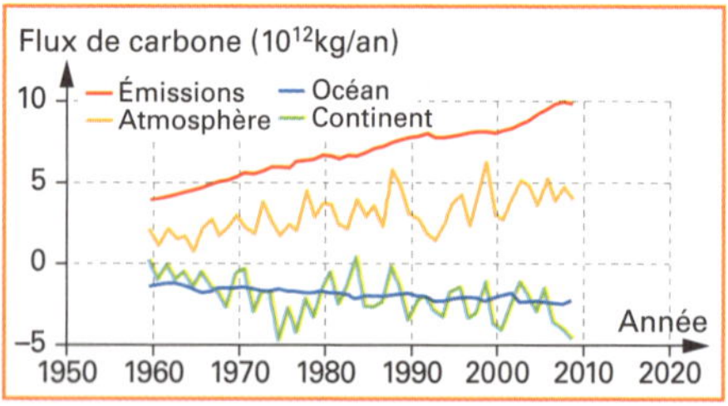

Évolution des émissions totales de CO_2 liées aux activités humaines (combustibles fossiles et déforestation), de la teneur en CO_2 atmosphérique et des puits de CO_2 océaniques et continentaux

De plus, l'accumulation d'énergie dans les océans rend le changement climatique irréversible à des échelles de temps de plusieurs siècles, du fait de la grande inertie thermique de l'eau.

ZOOM

Le dégel du permafrost, amplificateur du réchauffement

Au nord de l'Alaska, le dégel du permafrost, photographié ici en juillet 2018, entraîne une libération des gaz à effet de serre qu'il renferme, en particulier de méthane, puissant gaz à effet de serre.

Quiz EXPRESS

10

Avez-vous bien révisé les fiches 6 à 9 ? On vérifie !

La complexité du système climatique

1 La variabilité du climat à différentes échelles

▶ FICHE 7

Parmi les propositions suivantes, laquelle ou lesquelles sont correctes ?

☐ **a.** Le climat de la Terre oscille depuis 1 million d'années, entre de longues périodes interglaciaires et des périodes glaciaires plus courtes.

☐ **b.** La teneur actuelle du CO_2 atmosphérique a déjà été atteinte lors des variations climatiques du dernier million d'années.

☐ **c.** L'augmentation de la température globale de la Terre et de la concentration atmosphérique en CO_2 n'a jamais été aussi rapide que ces 150 dernières années.

2 Le réchauffement climatique

▶ FICHE 8

À quoi le forçage radiatif de l'ère industrielle est-il dû ?

☐ **a.** Il est dû à la diminution de la teneur atmosphérique des gaz à effets de serre.

☐ **b.** Il est lié au fait que l'atmosphère absorbe davantage le rayonnement thermique infrarouge émis par la surface de la Terre.

☐ **c.** Il a augmenté par rapport à l'ère préindustrielle, c'est-à-dire que la surface terrestre reçoit plus d'énergie de la part de l'atmosphère.

3 La dynamique du réchauffement climatique

▶ FICHE 9

Parmi les phénomènes suivants, lesquels entraînent des rétroactions négatives ?

☐ **a.** la diminution de la surface couverte par les glaces

☐ **b.** l'accroissement de la végétation

☐ **c.** le dégel du permafrost

CORRIGÉS

1 La variabilité du climat à différentes échelles

Réponse c.

- La réponse **a** est incorrecte car le climat de la Terre oscille bien depuis 1 million d'années entre des périodes interglaciaires et des périodes glaciaires, mais ces dernières sont beaucoup plus longues (environ 90 000 ans) que les périodes interglaciaires (entre 10 et 40 000 ans).
- La réponse **b** est incorrecte car la teneur actuelle du CO_2 atmosphérique est d'environ 415 ppm alors qu'elle n'a jamais dépassé les 300 ppm au cours du dernier million d'années.

2 Le réchauffement climatique

Réponses b. et c.

La réponse **a** est fausse car le forçage radiatif de l'ère industrielle est lié à une augmentation, et non à une diminution, de la teneur atmosphérique des GES et à un renforcement de l'effet de serre.

3 La dynamique du réchauffement climatique

Réponse b.

- La réponse **a** est incorrecte car la diminution de la surface couverte par les glaces entraîne aussi une diminution de l'albédo terrestre, les glaces reflétant fortement le rayonnement solaire. Les surfaces privées de glace absorbent davantage l'énergie solaire, ce qui augmente le rayonnement infrarouge émis par la Terre et donc l'effet de serre. C'est une rétroaction positive.
- La réponse **c** est incorrecte car le dégel du permafrost, un sol gelé qui renferme de grandes quantités de matière organique et de méthane, libère des GES dans l'atmosphère et induit donc une augmentation de l'effet de serre. C'est aussi une rétroaction positive.

La modélisation du climat terrestre

11

☐ OK

Les modèles climatiques, représentations numériques simplifiées du système Terre, servent à prédire les évolutions futures du climat.

I L'évolution des modèles climatiques

- Un modèle climatique est une **représentation numérique simplifiée** du climat de la planète. Il est limité aux **trois réservoirs** terrestres (atmosphère, océans, surfaces continentales) et à leurs interactions.
- Des **équations mathématiques** décrivent ce qui se déroule (phénomènes physiques, chimiques et biologiques) entre mais aussi à l'intérieur des réservoirs.

DOC. 1. Un modèle climatique terrestre avec ses mailles

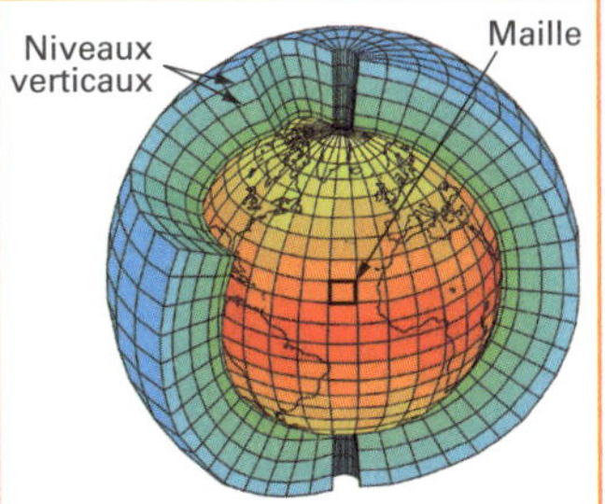

Les couleurs représentent les différentes températures

- On réalise un **maillage** des différents réservoirs (doc. 1). Puis on détermine les paramètres de chaque maille (température, rayonnement, humidité, etc.) et on précise comment elles vont interagir avec les mailles adjacentes selon les équations du modèle. On lance ensuite le modèle pour obtenir des résultats.

Plus la maille est petite, plus le modèle est précis et fiable. La précision des modèles s'est améliorée grâce aux progrès de la **recherche** et à l'augmentation de la **puissance de calcul** des ordinateurs, ceux d'aujourd'hui étant un milliard de fois plus rapides que ceux des années 1960.

II Modéliser pour comprendre et anticiper

- Les modèles climatiques permettent de comparer plusieurs évolutions « virtuelles » du climat pour les années, les décennies ou les siècles à venir.

On peut ainsi faire des **prévisions climatiques** qui se basent sur les **conditions initiales du système**, et sur une estimation des quantités de **gaz à effet de serre** susceptibles d'être rejetées dans le futur.

- Les progrès des modèles permettent de faire des prévisions climatiques à des **échelles d'espaces** de plus en plus précises (certains modèles de climat régionaux possèdent des mailles de 10 à 50 km) et à des **échelles de temps** de plus en plus longues (certains modèles fonctionnent jusqu'en 2100).

- Les résultats obtenus par les modèles numériques peuvent être **confrontés aux données réelles** (températures, force du vent, hygrométrie, courants océaniques, etc.), afin de vérifier leur pertinence. Ces données réelles sont :

• les nombreuses **données spatiales** obtenues grâce aux satellites ;

• les **données directes** obtenues grâce à des capteurs disséminés dans le monde ;

• les **données historiques** provenant de la connaissance des paléoclimats.

Mot clé
La **paléoclimatologie** est l'étude des climats du passé.

Par exemple, le « Petit âge glaciaire » du Moyen Âge en Europe, qui correspond à une période climatique froide, a été documenté historiquement et confirmé par les modèles numériques.

Ainsi, les évolutions mesurées ces dernières décennies ont été anticipées par les modèles et confirmées par la réalité.

ZOOM

Évolution du Glacier Blanc dans le massif des écrins (Alpes, France)

La comparaison des photos du même Glacier Blanc (prises au même endroit, depuis le pré de Mme Carle), à gauche en 1995 et à droite en 2019, démontre le recul actuel des glaciers. Ce sont des données réelles qui peuvent être confrontées aux résultats obtenus par les modèles.

Un réchauffement climatique confirmé par tous les modèles

12

☐ OK

Tous les modèles climatiques le confirment : l'augmentation de la température moyenne de la Terre, depuis la révolution industrielle, est liée en grande partie aux activités humaines.

I Une responsabilité humaine attestée

- Une vingtaine de modèles climatiques arrivent tous à la même conclusion : depuis l'ère industrielle (1850), les activités humaines (transport, déforestation, industrie, etc.) sont en majeure partie responsables du **réchauffement planétaire**.

DOC. 1. Comparaison entre les températures observées (= mesurées) et les températures simulées par modèle

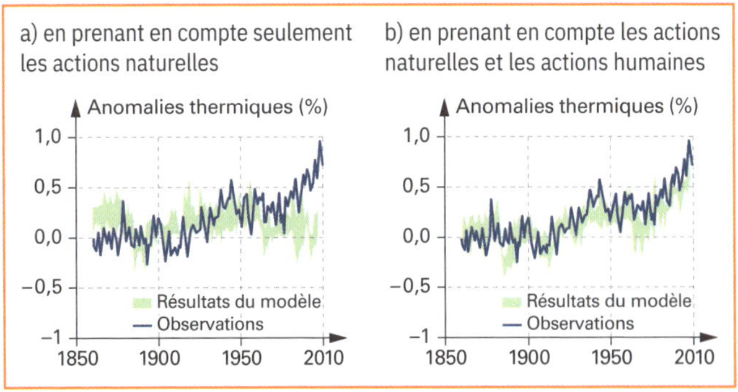

Source : GIEC 2001

- Ces modèles indiquent aussi que plus les émissions de gaz à effet de serre seront élevées, plus le système Terre réagira de façon exponentielle (réchauffement du climat, fréquence des événements climatiques extrêmes, augmentation du niveau de la mer, etc.) ▶ FICHE 13.

- Le GIEC révèle qu'en 2017 le réchauffement global a atteint **+ 1 °C** (± 0,2 °C) **par rapport à la période préindustrielle** et que les émissions de gaz à effet de serre d'origine anthropique provoquent une hausse moyenne des températures de l'ordre de 0,2 °C par décennie à l'échelle de la planète.

Mot clé

GIEC : Groupe d'experts Intergouvernemental sur l'Évolution du Climat. Il s'agit d'une organisation créée sous l'égide de l'ONU en 1988.

II Les activités humaines intégrées dans les modèles

- Les activités humaines qui **augmentent les GES**, avec leurs estimations chiffrées ▶ FICHE 11, sont incorporées dans les modèles.

• La **combustion d'hydrocarbures** pour le transport et le chauffage et la **production de ciment** à partir de calcaire rejettent du CO_2.

• La **déforestation** libère du CO_2.

• La **fermentation dans les décharges** et les **activités agricoles**, comme les élevages industriels d'animaux, produisent du CH_4 (méthane). Du CH_4 est aussi libéré dans l'atmosphère par des **fuites de gaz naturel**.

• Les **activités industrielles** rejettent des **halocarbures** dont la famille des **CFC** (chlorofluorocarbone).

DOC. 2. Émissions mondiales de CO_2 par les activités humaines

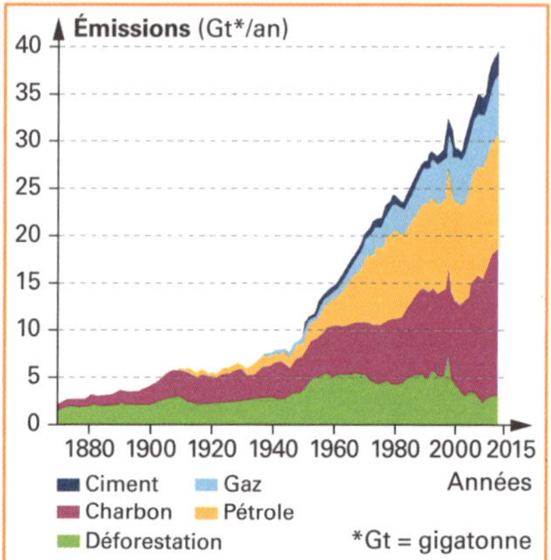

- Les activités humaines qui entraînent une **diminution** de **l'albédo** moyen terrestre sont également **intégrées aux modèles**. Ce phénomène entraîne une **rétroaction positive** (appelée aussi parfois effet « boule de neige »), c'est-à-dire un **phénomène d'amplification** des causes du réchauffement climatique par leurs conséquences ▶ FICHE 9.

ZOOM

L'effet « boule de neige » dans l'océan arctique

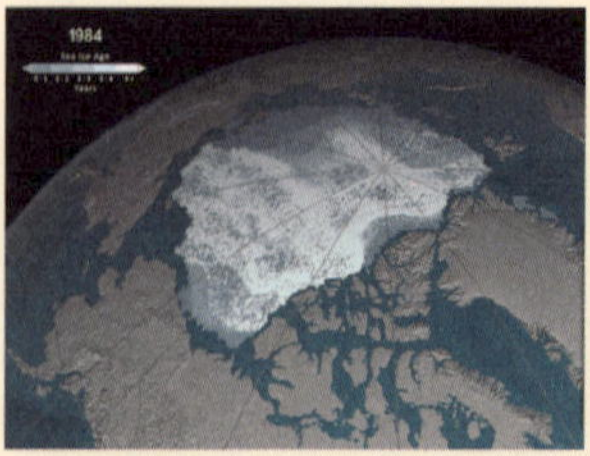

On considère que l'albédo moyen de l'océan est de 10 % alors que celui de la glace est de 85 %. Ainsi, le réchauffement climatique va s'amplifier de façon exponentielle à la suite de la fonte de l'océan arctique.

Les scénarios climatiques du futur

13

☐ OK

Les climatologues du GIEC ont défini quatre scénarios, plus ou moins optimistes, concernant l'évolution des gaz à effet de serre.

I Quatre scénarios climatiques

- Le GIEC ▶ FICHE 12, groupe d'experts scientifiques indépendants, a trois missions : étudier les **principes physiques** du changement climatique, anticiper ses **impacts** et trouver des **moyens de le réduire**.
- Sur la période 2020-2100, le GIEC propose actuellement **quatre scénarios d'évolution du climat** dits RCP 8.5, RCP 6.0, RCP 4.5 et RCP 2.6. Chacun des nombres correspond à la valeur du bilan radiatif excédentaire ▶ FICHE 8.

Mot clé

Les **RCP** (*Representative Concentration Pathways*) correspondent à quatre profils d'évolution des concentrations en gaz à effet de serre pour la suite du XXIe siècle.

- Ces scénarios sont **revus et corrigés tous les deux ans** en fonction de plusieurs critères :
  - les actions et les engagements pris par les gouvernements ;
  - les observations et les nouvelles découvertes scientifiques réalisées ;
  - les améliorations des modèles numériques.

DOC. Les quatre scénarios RCP

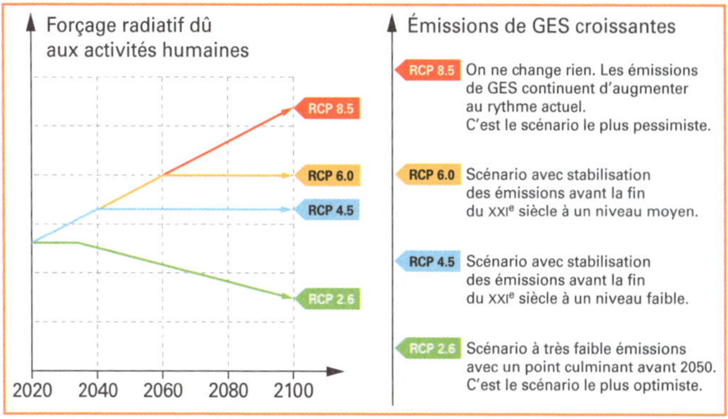

II Les conséquences prévisibles

- Tous les modèles s'accordent sur l'origine du réchauffement climatique mais également sur ses conséquences probables. La **température moyenne** devrait ainsi **augmenter de 1,5 à 5 °C** entre 2017 et la fin du XXIe siècle. D'autre part, l'**élévation du niveau moyen des océans** pourrait atteindre **un mètre** en 2100, avec pour conséquences : des inondations, la salinisation des sols côtiers qui deviendront infertiles, la destruction des infrastructures côtières, un nombre croissant de migrants climatiques, etc.
- Les **modifications des régimes de pluie** vont entraîner une augmentation de la fréquence et de l'intensité des vagues de chaleur, des sécheresses, des incendies (comme le montrent les incendies australiens de 2020), des tempêtes et des cyclones, ce qui aura des conséquences sur l'accès à l'eau potable et sur les rendements agricoles.
- L'**acidification des océans** rendra plus difficile la fabrication des squelettes calcaires des mollusques (comme les huîtres ou les moules) et des coraux, ce qui, par voie de conséquence, déstabilisera les chaînes alimentaires marines.
- Le réchauffement climatique aura également un impact majeur sur les **écosystèmes terrestres et marins**.
- Enfin, des **conséquences économiques et sociales** de grande ampleur sont aussi attendues.

À noter

Au-delà de +2 °C par siècle, on estime que 20 à 30 % des espèces animales et végétales risquent de disparaître.

ZOOM

Des modèles numériques perfectibles

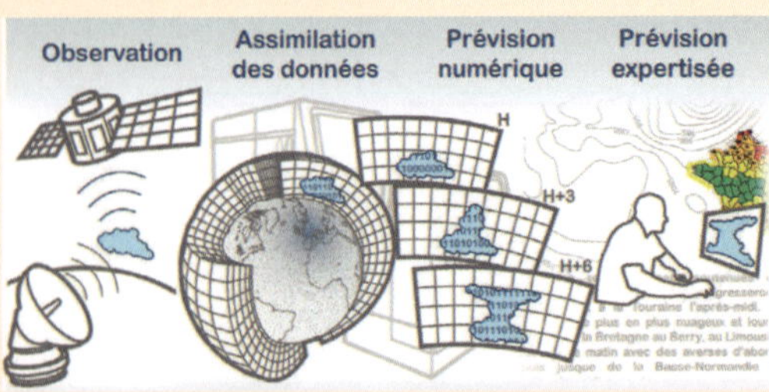

Les modèles numériques ne sont pas parfaits : certaines données sont incertaines, imprécises et certains phénomènes atmosphériques difficilement prévisibles et simplifiés.

Le climat du futur

1

Quels sont les trois réservoirs présents dans les modèles numériques du climat ?

FICHE 11

2

Quelles sont les deux échelles qui ont progressé dans les modèles climatiques ?

FICHE 11

3

Quels sont les trois types de données permettant de vérifier la validité des modèles climatiques ?

FICHE 11

4

De combien de degrés la température moyenne terrestre a-t-elle augmenté depuis l'ère préindustrielle ?

FICHE 12

5

Quelles sont les deux types d'activités humaines intégrées dans les modèles climatiques ?

FICHE 12

6

Quelles activités humaines augmentent les gaz à effet de serre ?

FICHE 12

7

Quel est le RCP (scénario d'évolution du climat) le plus pessimiste ?

FICHE 13

8

Quelle serait la valeur maximale du réchauffement à ne pas dépasser pour limiter les conséquences ?

FICHE 13

RÉPONSES

Pour mieux ancrer les connaissances, découpez les cartes et jouez avec !

2

Les **modèles climatiques** se sont améliorés avec une échelle de taille plus précise et une échelle de temps plus longue.

1

Les **modèles numériques du climat** se basent sur les trois réservoirs suivants :
- atmosphère ;
- océans ;
- surfaces continentales.

4

La **température moyenne terrestre** a augmenté de 1 °C (±0,2 °C) par rapport à la période préindustrielle.

3

On confronte les **données spatiales, directes et historiques** aux résultats obtenus par les modèles, afin de vérifier leur validité.

6

La combustion des hydrocarbures, la déforestation et la production de ciment **produisent du CO_2**. Tandis que la fermentation dans les décharges, les fuites de gaz naturel et les activités agricoles **produisent du CH_4**.

5

Les deux **types d'activités humaines** intégrées dans les modèles sont celles qui augmentent les gaz à effet de serre et celles qui diminuent l'albédo moyen terrestre.

8

Il semble que pour limiter la surmortalité des êtres vivants, il faille **rester en dessous de +2 °C** par siècle. Au-delà, les espèces n'auront pas la capacité de s'adapter.

7

Le **RCP** (scénario d'évolution du climat) le plus pessimiste est le RCP 8.5 qui correspond au fait de conserver les rejets de GES au niveau actuel.

La consommation d'énergie dans le monde

15

☐ OK

Aujourd'hui, plus de 80 % de l'énergie primaire mondiale provient des combustibles fossiles, des ressources non renouvelables.

I Les sources d'énergie primaire disponibles

1 Les stocks et les flux d'énergie

L'énergie primaire est produite directement à partir de **ressources disponibles dans la nature** (soleil, pétrole…) et parfois convertie en énergie secondaire (par exemple en électricité) ▶ FICHE 23.

DOC. 1. **Production d'énergie primaire dans le monde (2018)**

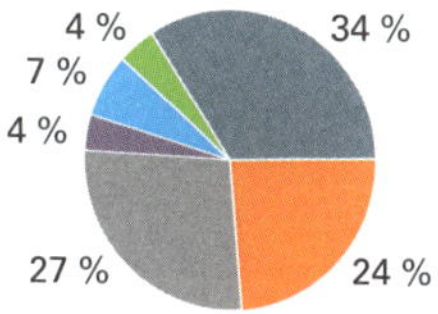

D'après BP Statistical Review of World Energy

- L'énergie primaire est dite épuisable ou **non renouvelable** lorsqu'elle est disponible sous forme de **stock limité**. Elle inclut les combustibles fossiles (pétrole, gaz et charbon) et l'énergie nucléaire (uranium).

- L'énergie primaire est dite **renouvelable** lorsqu'elle est disponible sous forme de **flux inépuisable**. Elle englobe le flux radiatif solaire (rayonnement solaire produit vers la Terre), le flux géothermique (chaleur émise par la Terre), la force des cours d'eau et la puissance gravitationnelle à l'origine des marées.

2 Les unités de mesure de l'énergie

- Une **tep** (tonne d'équivalent pétrole) correspond à l'**énergie calorifique résultant de la combustion d'une tonne de pétrole brut** (c'est-à-dire environ 7 barils de 159 litres, soit 10 kWh par litre). Elle est utilisée par les industriels pour comparer la production et la consommation de différentes sources d'énergie.

- On utilise fréquemment le **joule** (J) pour les mesures d'énergie ou le **kilowattheure** kWh (1 kWh équivaut à 3 600 000 J). Mais la tep s'est imposée dans la plupart des bilans énergétiques au niveau international du fait de l'importance du pétrole (1 tep $\approx 4{,}187.10^{10}$ J, soit 41,87 GJ). La **Megatep (Mtep)** est un des multiples de la tep ; elle équivaut à 10^6 tep.

II Les sources d'énergie consommée

- La consommation globale d'énergie a doublé depuis 40 ans, car les modèles industriels sont très énergivores dans nos sociétés.
- Toutefois, la situation varie en fonction des pays. La consommation d'énergie primaire des pays de l'OCDE tend à stagner alors que celle de pays en plein développement, comme la Chine, est en forte croissance.

DOC. 2. Consommation d'énergie primaire dans le monde (2017)

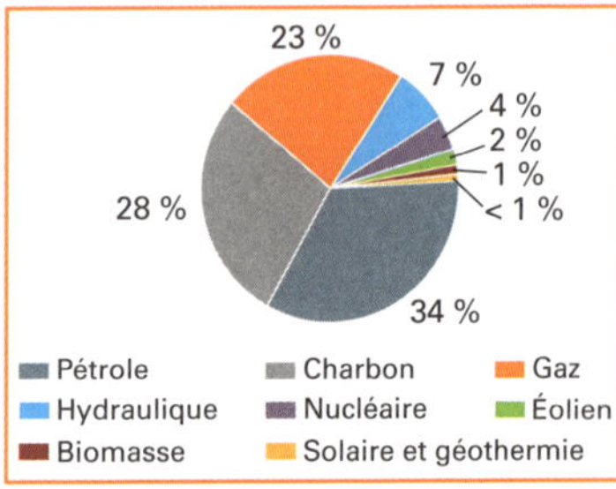

Source : BP World Energy

- L'énergie est utilisée, à parts égales, par les industries, les transports et le secteur de l'habitat, et, dans une moindre mesure, par le secteur agricole.

À noter

L'**OCDE** est l'Organisation de coopération et de développement économiques. Elle compte 36 pays.

- Les combustibles fossiles représentent environ 80 % de l'énergie consommée dans le monde, car ils sont à court terme les plus rentables économiquement (surtout en Asie).

ZOOM

Le Qatar, un gros consommateur d'énergie

Le Qatar est un des pays les plus chauds et un des plus gros consommateurs d'énergie du monde par habitant.

Et pour cause, de nombreuses infrastructures climatisées – très énergivores et générant de nombreux gaz à effet de serre – ne cessent de voir le jour. Un nouveau stade de foot climatisé est même prévu pour la coupe du monde de 2022.

Le Khalifa international stadium de Doha rénové en 2005

Les combustibles fossiles et l'empreinte carbone

16

☐ OK

La combustion des énergies fossiles produit des gaz à effet de serre et des particules qui affectent la qualité de l'air et la santé. Elle laisse son « empreinte carbone » sur l'environnement.

I Des scénarios plus ou moins pessimistes

1 Une qualité de l'air altérée

L'utilisation des combustibles fossiles mais aussi de la biomasse produit de nombreux gaz à effet de serre (CO_2, N_2O, O_3, CH_4), et des aérosols comme les suies, riches en carbone.

Mots clés

- La **biomasse** regroupe toute forme de matière organique utilisable comme source d'énergie.
- Les **aérosols** sont des particules fines, de taille inférieure à 100 micromètres, d'origine humaine ou naturelle.

DOC. 1. Variation des émissions de CO_2 de 2014 à 2018

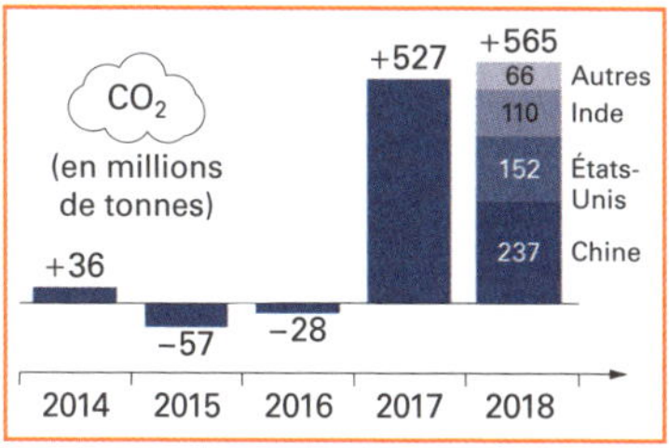

Source : International Energy Agency (IEA)

DOC. 2. Effets de la pollution de l'air sur la santé

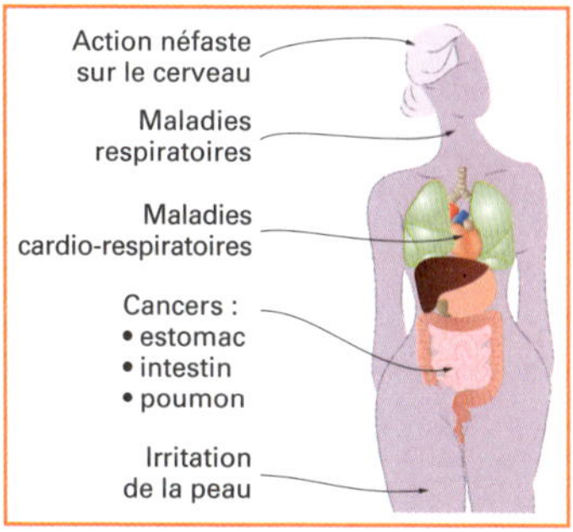

2 Une santé impactée

Certaines particules peuvent se déposer dans l'appareil respiratoire et provoquer, en fonction de leur taille, de leur composition chimique et du degré d'exposition, des crises d'asthme, des allergies ou des cancers. Elles peuvent également avoir des effets néfastes sur le cerveau. Les effets de ces particules dépendent aussi des caractéristiques des individus (sexe, âge, etc.), de leur mode de vie (sport, tabagisme, etc.) et de leur état de santé général.

II La mesure de l'empreinte carbone

DOC. 3. Les émissions de GES par secteur dans le monde en 2018

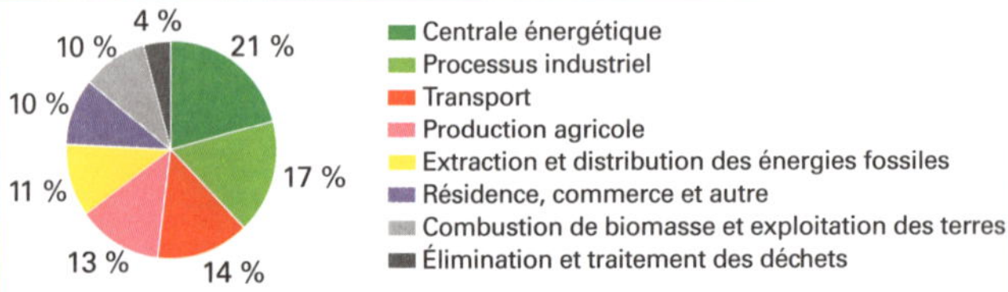

L'empreinte carbone désigne **la quantité de dioxyde de carbone** (CO_2), et plus globalement de gaz à effet de serre (GES), **émise par une personne, une activité ou un pays**. Elle permet de comparer l'impact écologique de différents modes de vie ou de différentes sociétés sur l'environnement.

À noter

On estime qu'un ménage français émet en moyenne 16,4 tonnes de CO_2 par an. En France, ce sont les transports qui émettent le plus de CO_2 avec 136,3 millions de tonnes, soit 29,4 % des émissions de GES. Suivent l'agriculture avec 90,3 millions de tonnes de CO_2 (19,5 %) puis le secteur résidentiel et tertiaire avec 88,2 millions de tonnes de CO_2 (19 %).

Au niveau mondial, ce sont les industries énergétiques (surtout les centrales à charbon) qui émettent le plus de GES (21,3 % de la totalité).

En 2018, selon une estimation du Global Carbon Project, l'**empreinte carbone** de la **population mondiale** était de **37 milliards de tonnes de GES**. Ces émissions de CO_2 seraient en hausse de 3,7 % par rapport à 2017. Les trois plus gros émetteurs de GES sont la Chine, les États-Unis et l'Inde.

ZOOM

Une maison zéro carbone

Les maisons zéro carbone sont à la fois économiques et écologiques. Comme leur nom l'indique, elles n'ont pas d'empreinte carbone : elles produisent plus d'électricité qu'elles n'en consomment. Ce sont les matériaux utilisés pour la construction et l'exploitation des énergies renouvelables qui font la différence.

Modèle de maison passive en Haute-Savoie

Une transition écologique nécessaire

17

☐ OK

En fonction de la quantité de gaz à effet de serre émis dans le futur, plusieurs scénarios de transition écologique sont envisageables.

I Des scénarios plus ou moins pessimistes

- Les modélisations climatiques permettent d'évaluer, suivant les quantités de GES émises dans le futur, les **changements prévisibles** affectant les **écosystèmes** et les **conditions de vie des êtres humains**.

L'**élévation du niveau de la mer** pourrait ainsi atteindre **1 mètre** selon certains modèles, ce qui entraînerait le déplacement de presque 190 millions de personnes.

DOC. 1. Populations exposées aux inondations d'origine marine

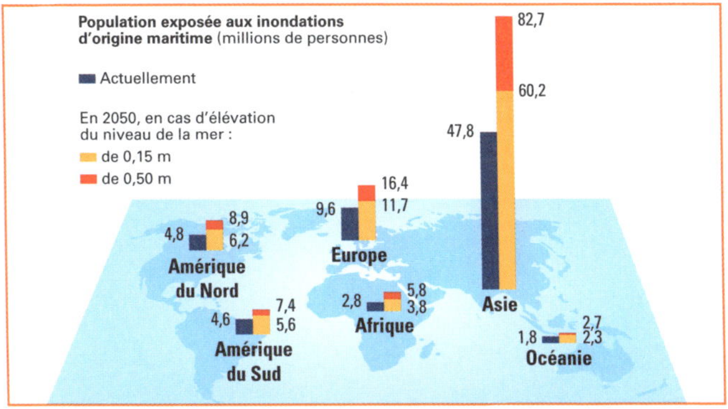

Source : IPCC, *Climate Change 2014 : Impacts, Adaptation an Vulnerability*

- L'intensité croissante du réchauffement climatique **augmente** aussi **la probabilité et l'intensité des événements extrêmes** comme les vagues de chaleur (canicules), les pluies torrentielles, les tempêtes, etc.

Les catastrophes naturelles sont de plus en plus coûteuses financièrement et les populations les plus pauvres, tributaires de l'agriculture, en sont souvent les principales victimes.

- Différents scénarios sont envisageables, en fonction de la croissance économique, du taux de pauvreté, des inégalités, mais aussi de l'impact du changement climatique.

DOC. 2. L'impact du changement climatique sur l'extrême pauvreté

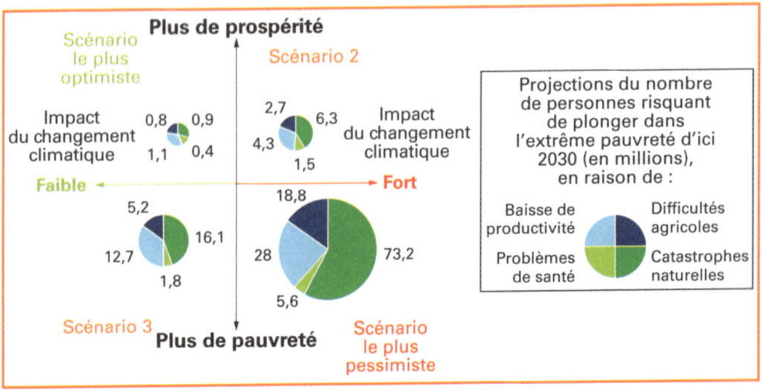

Source : Banque mondiale

II Des accords pour le climat

- La Conférence de Paris de 2015, qui a réuni 195 pays, a établi un accord visant à maintenir l'augmentation de la température mondiale à **moins de 2 °C par rapport aux niveaux préindustriels d'ici 2100**, pour limiter l'élévation du niveau de la mer à 0,98 m. Une COP a lieu chaque année pour vérifier la bonne application des objectifs fixés.

À noter

La **Conférence de Paris** est la 21e Conférence des parties, appelée COP21.

- Pour limiter le réchauffement à 2 °C, il faudrait diminuer de 25 % nos émissions de CO_2. Cet objectif va être difficile à respecter, sachant qu'une hausse de la demande mondiale en énergie est attendue.

ZOOM

Une ville en transition

La ville de Loos-en-Gohelle, dans le Nord-Pas-de-Calais, polluée par la production de charbon, a réussi à amorcer sa transition écologique grâce à des écoconstructions.

Église de Loos-en-Gohelle couverte de panneaux solaires

Énergie, choix de développement et futur climatique

1 La consommation d'énergie dans le monde FICHE 15

Quelle est la source d'énergie la plus consommée, après les énergies fossiles ?

- ☐ a. le gaz naturel
- ☐ b. l'énergie hydraulique
- ☐ c. l'énergie solaire

2 Les combustibles fossiles et l'empreinte carbone FICHE 16

1. Parmi les affirmations suivantes, laquelle est vraie ?

- ☐ a. La combustion de la biomasse ne produit pas de gaz à effet de serre.
- ☐ b. Les particules produites par la combustion des carburants fossiles n'ont aucun effet néfaste sur le cerveau.
- ☐ c. La combustion d'énergies fossiles produit des GES mais aussi des particules.

2. Quels sont les problèmes de santé les plus récurrents causés par les particules fines polluantes ?

- ☐ a. les maladies cardio-respiratoires
- ☐ b. la paralysie ☐ c. la cécité

3 Une transition écologique nécessaire FICHE 17

À combien de degrés l'accord de Paris souhaite-t-il limiter l'ampleur du réchauffement climatique, depuis la dernière révolution industrielle ?

- ☐ a. à moins de 1 °C d'ici 2050
- ☐ b. à moins de 1 °C d'ici 2100
- ☐ c. à moins de 2 °C d'ici 2100

CORRIGÉS

1 La consommation d'énergie dans le monde

Réponse b.

- La source d'énergie la plus consommée dans le monde après les énergies fossiles est l'énergie hydraulique (6,8 %).
- L'affirmation **a** est fausse, car le gaz naturel est une énergie fossile.
- L'affirmation **c** est également fausse, car le solaire représente seulement 1 % de l'énergie consommée dans le monde.

2 Les combustibles fossiles et l'empreinte carbone

1. **Réponse c.**

La combustion de la biomasse produit des GES (réponse **a** fausse), tout comme la combustion des énergies fossiles. Cette dernière produit également des particules qui peuvent avoir un effet néfaste sur le cerveau (réponse **b** fausse).

2. **Réponse a.**

Les problèmes de santé les plus récurrents causés par les particules fines polluantes sont les problèmes cardio-vasculaires. Les réponses **b** et **c** sont fausses car la paralysie ou le fait de devenir aveugle n'ont aucun lien avec la pollution par les GES.

3 Une transition écologique nécessaire

Réponse c.

Les pays ayant signé l'accord de Paris se sont mis d'accord pour limiter le réchauffement à 2 °C maximum d'ici 2100 par rapport aux niveaux préindustriels (réponses **a** et **b** fausses).

Les alternateurs, fournisseurs d'électricité

19

☐ OK

Un alternateur, comme celui fixé aux roues de certains vélos, produit de l'électricité en faisant tourner un aimant dans une bobine de cuivre : la variation du champ magnétique de l'aimant génère du courant.

I Sur le chemin de l'induction électromagnétique

1 Du courant au champ magnétique

- Le magnétisme et l'électricité sont des phénomènes connus depuis l'Antiquité, mais ne sont étudiés et compris qu'au XVIIe siècle.
- Le 21 juillet 1820, le physicien danois Hans Christian Œrsted publie un traité qui relate un phénomène étonnant : une aiguille aimantée est déviée lorsqu'elle se trouve à proximité d'un fil parcouru par un courant. Le passage du courant électrique produit un champ magnétique autour du fil.
- En 1831, le chimiste et physicien anglais Michael Faraday tente alors de préciser, expérimentalement, le lien entre magnétisme et électricité.

2 Les expériences électromagnétiques de Faraday

- Faraday pense que le passage du courant dans la bobine de gauche va générer un champ magnétique et que ce dernier, canalisé dans l'anneau de fer, va créer un courant induit dans la bobine de droite. Mais, lorsque l'interrupteur est fermé, aucun courant ne circule dans la bobine de droite.
L'aiguille du galvanomètre n'indique le passage d'un courant qu'au moment même où l'on ouvre ou ferme l'interrupteur. Ce n'est donc pas le champ magnétique mais sa variation qui crée du courant.

DOC. 1. Le montage expérimental

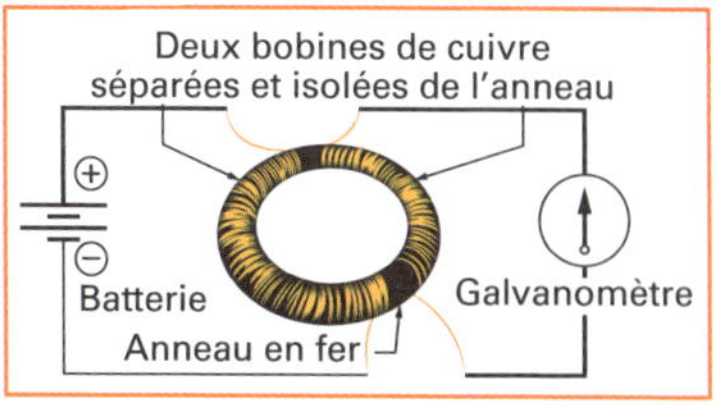

- Faraday réalise alors une autre expérience, avec un aimant qu'il approche et éloigne de la bobine. Le mouvement de l'aimant, et plus exactement de son champ magnétique, fait naître un courant alternatif induit dans la bobine. Faraday découvre ici le phénomène d'induction électromagnétique.

II L'induction exploitée par l'alternateur

1 Le stator et le rotor : deux pièces maîtresses

- Les alternateurs électriques exploitent le phénomène d'**induction électromagnétique**.
- Un alternateur est constitué de deux parties :
  - le stator est la **partie fixe** formée par une ou plusieurs **bobines en cuivre** ;
  - le rotor est la **partie qui tourne** et sur laquelle est fixé l'**aimant**. Plus le rotor tourne vite, plus l'intensité du courant est grande.

DOC. 2. Éclaté de l'alternateur d'une voiture

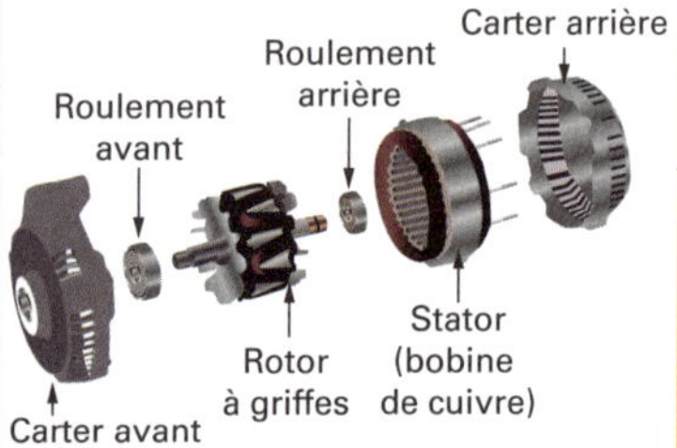

2 Un rendement efficace

- L'alternateur a pour rôle de **convertir** de l'**énergie mécanique** en **énergie électrique**.
- On trouve des alternateurs dans les éoliennes, les centrales hydrauliques, les usines marémotrices, les automobiles ou les éclairages de vélo (dynamo).

> **À noter**
> Scientifiquement, la **dynamo** désigne un générateur de courant continu, alors que l'appareil qu'on appelle « dynamo » sur un vélo délivre un courant alternatif !

- Le rendement d'un alternateur est en général très bon ▶ FICHE 23.

Les **pertes** sont principalement dues aux **frottements**, qui peuvent survenir au niveau du rotor, et à l'**échauffement du fil de cuivre** de la bobine (effet Joule).

Le rendement se calcule grâce à la formule :

$$\eta = \frac{\text{énergie utile}}{\text{énergie reçue}} = \frac{\text{énergie électrique}}{\text{énergie mécanique}}$$

Le rendement est sans unité et les énergies s'expriment en **joule (J)**.

Les semi-conducteurs et le silicium

20

☐ OK

Les avancées théoriques, en physique, ont permis de montrer pourquoi certains matériaux laissaient passer le courant, d'autres lui faisaient barrière, et d'autres encore étaient semi-conducteurs.

I Les conducteurs, isolants et semi-conducteurs

1 La théorie des bandes et la conductivité

- Le caractère conducteur ou isolant des matériaux prend sa source dans la structure même des atomes et la configuration de leurs électrons.

- On peut schématiser l'énergie des électrons sous la forme de bandes d'énergie. La dernière bande d'énergie, complètement remplie d'électrons, est appelée **bande de valence**, et la suivante, qui n'est pas remplie, **bande de conduction**. Entre les deux se trouve une zone appelée **bande interdite** ou « gap ».

DOC. 1. **Diagrammes énergétiques de trois types de matériaux**

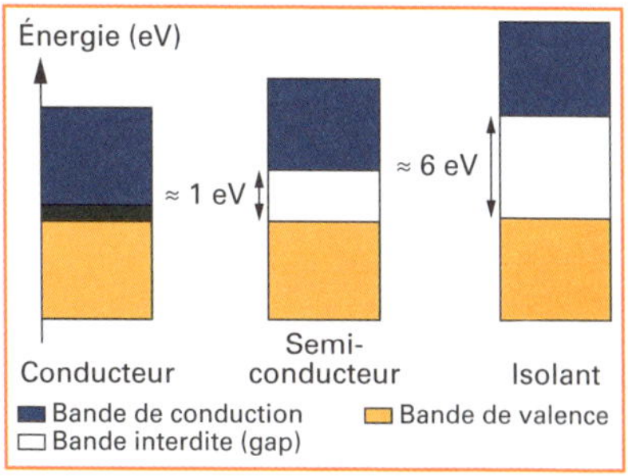

2 Le passage d'une bande d'énergie à l'autre

- Pour un **conducteur**, les bandes de valence et de conduction se chevauchent. Les électrons peuvent donc passer d'une bande à l'autre librement. Le courant peut circuler. C'est le cas par exemple du cuivre, de l'argent ou de l'or.

- Pour un **isolant**, les bandes sont très éloignées l'une de l'autre, d'environ 6 eV (électron-volt). Les électrons ne peuvent pas circuler d'une bande à l'autre.

- Pour un **semi-conducteur**, le gap est plus petit que pour un isolant. Il est par exemple de 1,12 eV pour le silicium (Si) et 0,66 eV pour le germanium (Ge). Il peut donc devenir conducteur, si on l'éclaire par exemple, ce qui excite les électrons de valence.

II Les spectres des semi-conducteurs

1 Le spectre d'absorption des semi-conducteurs

- L'écart entre la bande de valence et la bande de conduction d'un semi-conducteur vaut environ 1 eV. Or 1 eV correspond à l'énergie d'une radiation de longueur d'onde d'environ 1 200 nm.
- Les spectres d'absorption du document 2, montrent que la plupart des semi-conducteurs absorbent des longueurs d'ondes inférieures à 1 200 nm, donc suffisantes pour passer le gap et permettre la circulation des électrons.

DOC. 2. Absorption des semi-conducteurs en fonction de la longueur d'onde

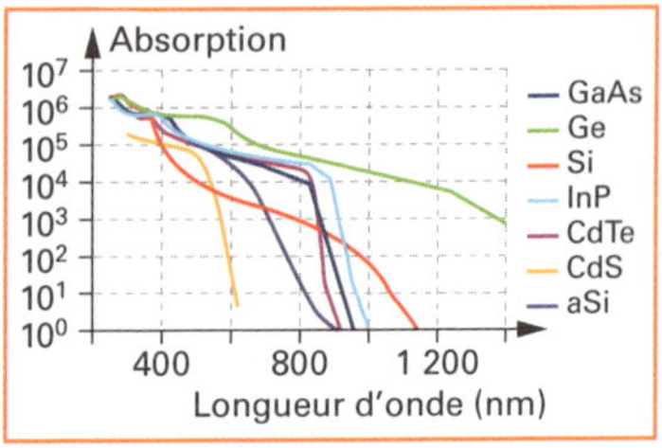

2 Pourquoi fabriquer des panneaux solaires avec du silicium ?

Le spectre d'émission du Soleil correspond aux longueurs d'ondes absorbées par le silicium. Toutes les longueurs d'ondes inférieures à 1 100 nm peuvent être absorbées par le silicium et permettre aux électrons de la bande de valence de passer dans la bande de conduction.

DOC. 3. Spectre d'émission du Soleil et spectre d'absorption du silicium

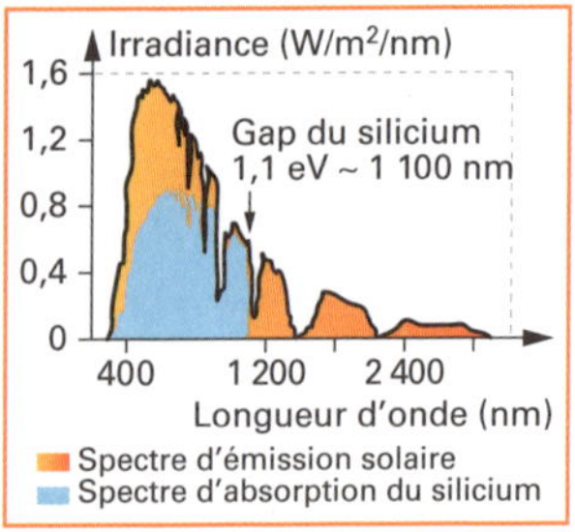

ZOOM

Le silicium en lingots

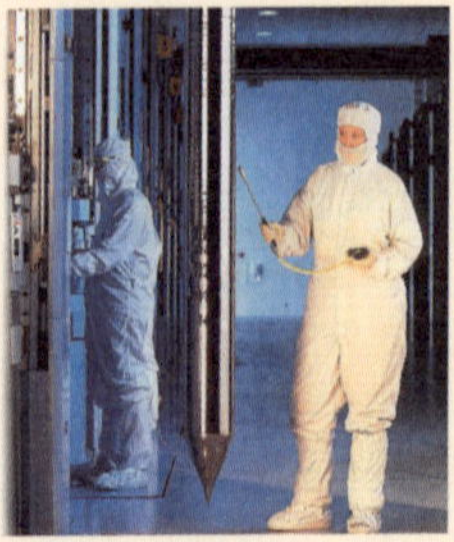

À noter

Le germanium (Ge) absorbe également les longueurs d'onde inférieures à 1 100 nm, mais il est plus sensible aux hautes températures, plus cher et moins abondant que le silicium.

Le photovoltaïque pour capter l'énergie solaire

21

☐ OK

Les cellules photovoltaïques des panneaux solaires ont la capacité de transformer l'énergie solaire en énergie électrique.

I Le fonctionnement d'une cellule photovoltaïque

- La cellule photovoltaïque est souvent composée de silicium, un matériau semi-conducteur qui devient conducteur quand on l'éclaire ▶ FICHE 24.
- Afin de favoriser la **circulation des électrons** et le **passage du gap**, on introduit dans le silicium des impuretés comme le bore et le phosphore.

Le **bore** a un électron de moins que le silicium, ce qui crée un « trou », équivalant à une charge positive. On parle de **dopage de type P**, comme « positif ». Le **phosphore** a un électron de plus que le silicium. On parle de **dopage de type N**, comme « négatif ».

DOC. 1. **Structure et fonctionnement d'une cellule photovoltaïque**

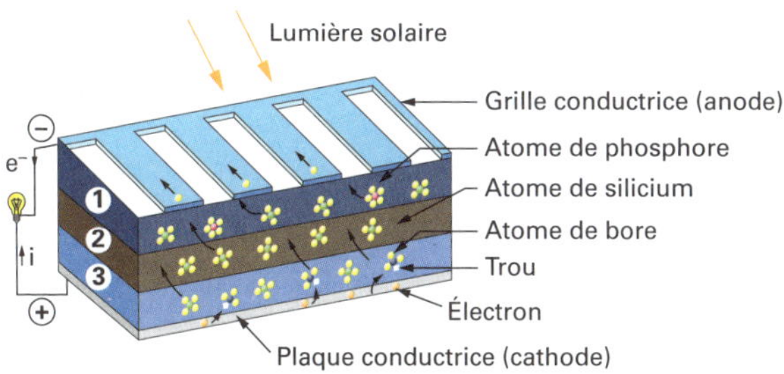

- Spontanément, les électrons en excès de la couche de silicium dopé N (phosphore) ① diffusent dans la couche de silicium dopé P (bore) ③, déficitaire en électrons. Une jonction en silicium ② se forme alors et un équilibre interne se met en place.
- Les **photons du Soleil** reçus par la grille conductrice arrachent des électrons aux atomes de silicium de la couche ①, ce qui crée un **déséquilibre interne**. Les électrons de la cathode migrent alors vers la couche ③, tandis que ceux des couches ①, ② et ③ rejoignent l'anode conductrice. Cette circulation d'électrons génère un **courant électrique**.
- Plus le nombre de photons est important, plus l'intensité du courant est grande.

II Optimiser la puissance des cellules photovoltaïques

Pour connaître la puissance électrique maximale d'une **cellule photovoltaïque**, il faut tracer la **caractéristique intensité-tension** (doc. 2) à l'aide d'un rhéostat.

Cette courbe représente l'évolution de la tension aux bornes de la cellule en fonction de l'intensité du courant qui la traverse.

> **Mot clé**
> Un **rhéostat** est une résistance qui permet de faire varier l'intensité dans un circuit électrique.

DOC. 2. Caractéristique intensité-tension, Courbe I = f(U)

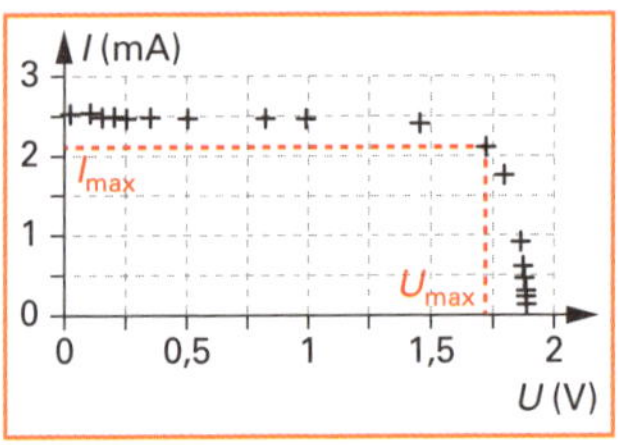

DOC. 3. Puissance électrique d'une cellule, Courbe P = f(U)

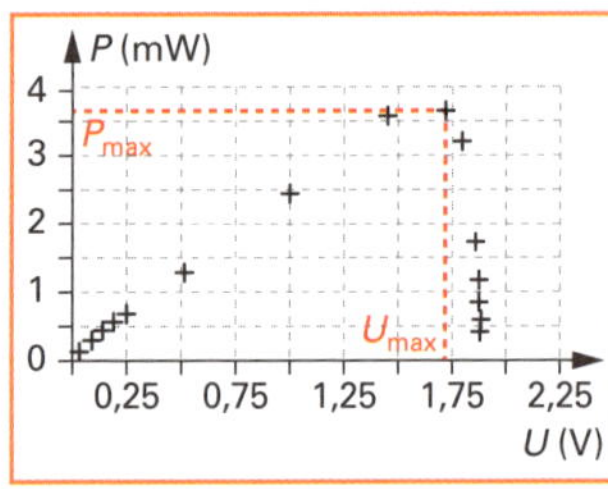

Pour obtenir la courbe du doc. 3, on utilise la caractéristique intensité-tension et on met en ordonnée la puissance, calculée en appliquant la relation $P = U \times I$. Cette courbe fait apparaître une **puissance électrique maximale** P_{max} délivrée par la cellule pour une valeur de tension U_{max}. Grâce à la courbe du doc. 2, on en déduit la valeur I_{max} du courant. Puis, on applique la **loi d'Ohm** $U = R \times I$, pour en déduire la **valeur de la résistance qui maximise la puissance**.

ZOOM

Des centrales solaires flottantes

Sur l'eau, le taux d'ensoleillement est maximal. En Chine, plus de 120 000 panneaux photovoltaïques ont été installés à Huainan sur un lac artificiel (anciennement une mine de charbon) et alimentent annuellement 15 000 foyers.

FLASHCARDS

Mémorisez les idées clés des fiches 19 à 21.

22

Deux siècles d'énergie électrique

1

Comment génère-t-on un courant induit alternatif dans une bobine ?

▶ FICHE 19

2

Quel est le type de conversion d'énergie qui s'effectue au sein d'un alternateur ?

▶ FICHE 19

3

Quelles sont les deux parties principales d'un alternateur ?

▶ FICHE 19

4

Quel phénomène principal peut limiter le rendement d'un alternateur ?

▶ FICHE 19

5

Qu'est-ce qu'un semi-conducteur ?

▶ FICHE 20

6

Un semi-conducteur peut-il utilisé dans une cellule photovoltaïque ?

▶ FICHE 20

7

Quels types de radiations solaires sont principalement absorbés par les semi-conducteurs ?

▶ FICHE 21

8

Quelle type de conversion effectue un panneau photovoltaïque ?

▶ FICHE 21

RÉPONSES

Pour mieux ancrer les connaissances, découpez les cartes et jouez avec !

1

On génère un **courant induit alternatif** dans une bobine en approchant et en éloignant un aimant de cette bobine ou en le faisant tourner.

2

Un **alternateur** transforme de l'énergie mécanique en énergie électrique.

3

Les **deux parties principales de l'alternateur** sont :
- le stator (partie fixe) ;
- le rotor (partie qui tourne).

4

Le **phénomène** de frottement et donc l'effet Joule diminuent le rendement de l'alternateur.

5

Un **semi-conducteur** est un matériau qui devient conducteur lorsqu'on lui apporte de l'énergie, sous la forme d'énergie lumineuse par exemple.

6

Pour être utilisé **dans une cellule photovoltaïque,** il faut que le semi-conducteur absorbe les radiations émises par le Soleil.

7

Ce sont principalement les **radiations du visible et du proche infrarouge** qui sont absorbées par les semi-conducteurs.

8

Un **panneau photovoltaïque** transforme de l'énergie lumineuse en énergie électrique.

La production d'électricité sans combustion

23

☐ OK

La forte demande mondiale en électricité et les enjeux climatiques poussent nos sociétés vers des modes de production bas-carbone, sans combustion.

I L'électricité, une forme d'énergie privilégiée

- Contrairement au charbon, au pétrole ou à l'uranium, l'électricité n'est pas une source d'énergie primaire. Il s'agit d'une énergie secondaire utilisée comme vecteur énergétique, qui permet l'acheminement facile et efficace d'énergie d'un endroit à un autre, même sur des milliers de kilomètres.

> **Mot clé**
> Une **énergie primaire** est disponible à l'état brut dans la nature.

- L'énergie électrique est obtenue à partir de la conversion d'une énergie primaire mécanique (force de l'eau des rivières, des marées ou du vent), chimique (contenue dans les combustibles fossiles, dans la biomasse, etc.), nucléaire, solaire ou géothermique (chaleur du sol ou du sous-sol terrestre).
- En passant de l'énergie primaire à l'énergie finale (consommation finale), l'énergie suit une série de transformations et de transports : la chaîne énergétique.
- L'électricité représente près de 20 % de l'énergie finale mondiale. Elle est convertie dans les appareils électriques en d'autres formes d'énergie pour satisfaire les besoins élémentaires de nos sociétés : mettre en mouvement, chauffer, éclairer, transmettre une information, etc.

II Trois méthodes de production bas-carbone

1 La conversion d'énergie mécanique

- Dans les centrales thermiques, hydroélectriques, marémotrices et dans les éoliennes, l'énergie cinétique de rotation produite par la turbine (ou les pales pour l'éolienne) est convertie en énergie électrique par l'alternateur ▶ FICHE 19.
- L'énergie mécanique utilisée par la turbine est issue d'une conversion directe si la centrale utilise une énergie primaire mécanique.

> **Mot clé**
> L'**énergie mécanique** d'un système est emmagasinée sous forme cinétique et/ou potentielle.

Dans une centrale hydroélectrique, par exemple, l'énergie potentielle de l'eau stockée dans le barrage est convertie en énergie cinétique *via* la chute d'eau avant d'entraîner la turbine.

- L'énergie mécanique utilisée par la turbine est issue d'une **conversion indirecte** (doc.) si la centrale suit une chaîne de transformations utilisant une conversion « **chaleur-mouvement** ». À l'instar d'une centrale thermique où de la chaleur est produite puis transmise à un fluide caloporteur qui entraîne la turbine.

DOC. La conversion indirecte dans une centrale nucléaire

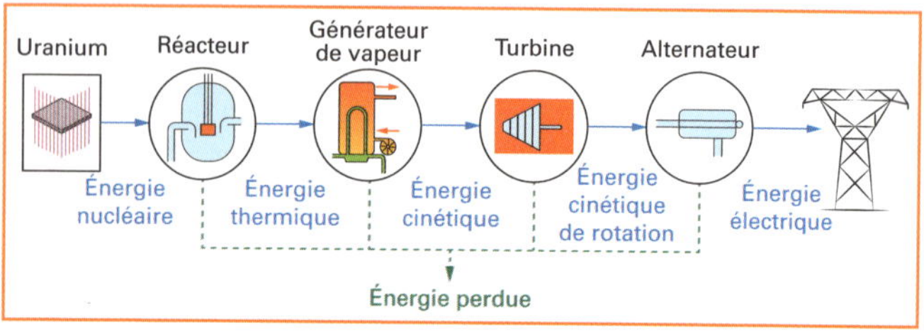

2 La conversion d'énergie radiative solaire

- Les panneaux photovoltaïques captent l'**énergie radiative** du Soleil et la convertissent en **courant électrique continu**. Un **onduleur** permet ensuite de transformer l'électricité obtenue en courant alternatif compatible avec le réseau.

- Chaque panneau est un assemblage de cellules photovoltaïques ▶ FICHE 21 utilisant différentes technologies basées à 90 % sur le silicium cristallin et à 10 % sur les couches minces.

3 La conversion électrochimique

- Les dispositifs électrochimiques (accumulateurs et piles à hydrogène) sont des **convertisseurs** clés dans le domaine du petit appareil portatif (téléphone portable, appareil photo, etc.), du transport automobile ou du stockage de l'énergie.

- Ces dispositifs transforment l'énergie chimique en énergie électrique ou inversement pour le stockage d'énergie électrique ▶ FICHE 25.

À noter

Les **véhicules à pile à combustible** sont propulsés par de l'électricité produite à partir d'hydrogène et d'oxygène, ne rejetant que de l'eau. 12 000 véhicules de ce type circulent dans le monde, mais il pourrait y en avoir des millions à l'horizon 2030.

La face cachée de l'électricité bas-carbone

24

☐ OK

Les besoins en matières premières des secteurs-clés de la transition énergétique (l'éolien, le solaire, le stockage de l'énergie) ne cessent d'augmenter ; cela n'est pas sans conséquences sur l'environnement.

I Les besoins en matières premières

- La tour et la nacelle d'une **éolienne** nécessitent de l'acier pour supporter le dispositif qui convertit l'énergie du vent en électricité.

Cette électricité est induite par un champ magnétique, lui-même généré par des **aimants** permanents et puissants – riches en **terres rares** – ou par des aimants classiques et des bobinages en cuivre.

- Un panneau photovoltaïque est composé de **cellules semi-conductrices** ▶ FICHE 20, la plupart du temps en **silicium**, enveloppées dans une double couche protectrice de polymère. Le tout est rendu rigide par des plaques de verre souvent entourées d'un cadre en aluminium.

Certaines cellules sont fabriquées selon d'autres technologies : c'est le cas des cellules à couches minces ▶ FICHE 23 dites CdTe ou GIGS. Elles utilisent des composés à base de terres rares, comme le tellure, le cadmium ou encore le gallium, l'indium et le sélénium.

II Les conséquences de l'exploitation des gisements

1 Les terres rares, une exploitation stratégique mais polluante

- Les **terres rares** sont des éléments stratégiques aussi bien pour la fabrication de puces électroniques que pour celle d'éoliennes, de certains moteurs électriques et de panneaux solaires.

- Les terres rares sont présentes sous forme agglomérée dans certains types de minerais (notamment la bastnaésite et le monazite) et dans certaines roches. Pour les **extraire** et les **séparer**, on fait appel à des procédés délicats et complexes (extraction liquide-liquide, résines échangeuses d'ions, etc.).

À savoir

Les terres rares sont des métaux qui possèdent des propriétés électroniques, magnétiques, optiques et catalytiques très utiles pour de nombreuses applications.

Ces procédés sont énergivores et notoirement polluants : rejets d'acides, de bases, de solvants, de métaux lourds ou d'éléments radioactifs.

- En 2018, la Chine a produit 70 % des terres rares mondiales (soit 120 000 tonnes). Dans ce pays, les normes environnementales ne sont actuellement pas aussi strictes que dans les pays occidentaux.

DOC. Mine de terres rares (Chine)

2 Le silicium, une purification coûteuse pour l'environnement

- 90 % des cellules photovoltaïques utilisent le silicium comme semi-conducteur. Pour obtenir du silicium de qualité « solaire », de nombreuses étapes sont nécessaires depuis son extraction dans des gisements de silice de haute pureté (souvent issus du quartz) jusqu'à sa purification extrêmement poussée (à 99,9999 %).

- Au-delà de l'aspect visuel, l'exploitation des carrières de silice engendre des impacts environnementaux sur :
– la qualité de l'eau (contamination des nappes souterraines et des eaux superficielles, modification des écoulements, etc.) ;
– le sol et la végétation (effondrement et érosion, atteintes aux zones boisées et à la biodiversité, etc.) ;
– la qualité de l'air (impact sanitaire dû à l'exposition aux poussières, notamment).

- Une fois extrait, le silicium doit être raffiné par voies métallurgique et/ou chimique. Le traitement industriel du silicium est un grand consommateur de produits chimiques souvent toxiques, d'eau et d'énergie ; il engendre également une quantité importante de déchets de fabrication.

Par exemple, dans la « Silicon Valley », berceau de la production de semi-conducteurs à la fin du XXe siècle, des effluents toxiques ont été régulièrement rejetés dans l'environnement, polluant gravement les nappes phréatiques.

Le stockage de l'électricité

25

☐ OK

Les politiques environnementales actuelles donnent la priorité aux ressources renouvelables intermittentes et amènent les technologies à évoluer pour rendre l'électricité stockable.

I La nécessité du stockage de l'électricité

- Le stockage de l'énergie électrique représente une composante essentielle de la **transition énergétique**, car il permet d'ajuster au mieux la production électrique à la consommation tout en limitant les pertes. Il se révèle nécessaire pour bien intégrer dans le **mix énergétique** les énergies renouvelables, car elles sont intermittentes et fluctuantes.
- De plus, le développement des équipements portatifs (téléphone, ordinateur, perceuse-visseuse sans fil, etc.) et des véhicules hybrides ou électriques nécessite des formes de stockage performantes et peu volumineuses.

II Une électricité, trois formes de stockage

1 Les accumulateurs et l'énergie chimique

- Un **accumulateur** est un système qui transforme de manière réversible l'**énergie chimique en énergie électrique** à partir de **réactions d'oxydoréduction**. En mode « accumulateur » (la charge), l'énergie est stockée sous forme chimique. En mode « générateur » (la décharge), l'énergie est restituée sous forme électrique.
- L'**accumulateur lithium-ion** représente une bonne solution pour alimenter en électricité les **appareils nomades** et les **véhicules électriques**. Il libère de l'électricité par échange réversible d'ions lithium entre deux **électrodes**, en graphite et en oxyde métallique. Cet échange se fait à travers un **électrolyte**.

DOC. 1. Accumulateur lithium-ion

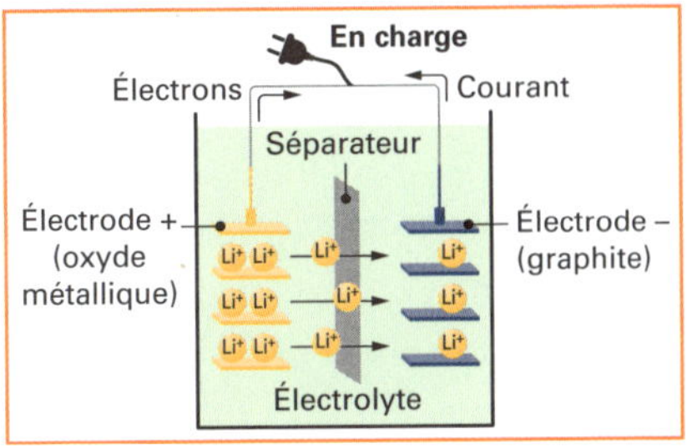

2 Les barrages et l'énergie potentielle

- Lorsque la production d'énergie électrique est excédentaire, la principale solution consiste à stocker le surplus sous forme d'énergie potentielle de l'eau.

À noter

Stockée au niveau du barrage, l'**énergie potentielle** de l'eau est transformée en énergie cinétique par la conduite forcée de la centrale hydroélectrique.

- Elle est mise en œuvre dans des centrales hydroélectriques réversibles ou **stations de transfert d'énergie par pompage** (STEP). Ces installations sont composées de deux bassins situés à des altitudes différentes : elles permettent de stocker de l'énergie, en **pompant** l'eau du bassin inférieur vers le bassin supérieur, lorsque la demande électrique est faible ; elles la restituent au réseau électrique, en **turbinant** l'eau du bassin supérieur, lorsque la demande devient plus forte.

DOC. 2. **Fonctionnement d'une STEP**

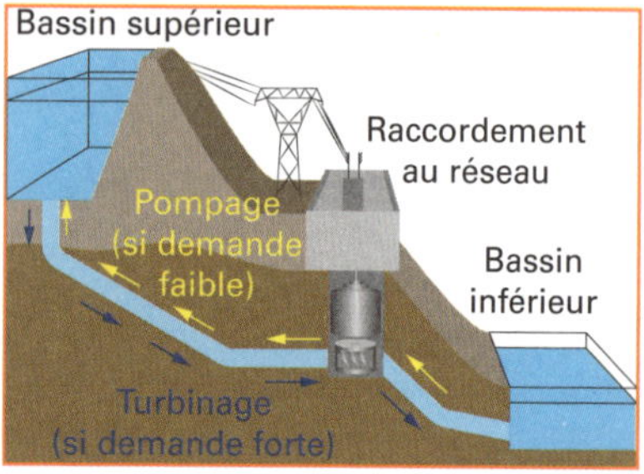

- Pour produire 1 MWh d'électricité, une STEP consomme près de 1,25 MWh pour pomper l'eau au préalable. Le rendement de cette installation est donc voisin de 80 % : η = Énergie électrique produite/Énergie électrique consommée = 1/1,25 = 0,8.

3 Les supercondensateurs et l'énergie électromagnétique

- Certains dispositifs permettent de stocker directement de l'énergie sous forme électrique : il s'agit principalement des **supercondensateurs**. On peut notamment les trouver dans les systèmes stop & start de certains véhicules.

- D'autres pistes d'avenir se destinent au stockage de grandes quantités d'énergie à l'instar du **stockage électromagnétique** à base de matériaux **supraconducteurs**.

Quiz *EXPRESS* 26

Avez-vous bien révisé les fiches 23 à 25 ? On vérifie !

Les atouts de l'électricité

1 La production d'électricité sans combustion

FICHE 23

Parmi les dispositifs suivants, lesquels produisent de l'électricité en utilisant la conversion d'énergie mécanique ?

- ☐ a. une centrale solaire photovoltaïque
- ☐ b. une centrale marémotrice
- ☐ c. une centrale nucléaire
- ☐ d. une pile à combustible
- ☐ e. une éolienne

2 La face cachée de l'électricité bas-carbone

FICHE 24

Quels sont les inconvénients des technologies éolienne et solaire ?

- ☐ a. Elles nécessitent des matières premières très rares.
- ☐ b. Le fonctionnement de ces dispositifs produit du CO_2.
- ☐ c. Les procédés de fabrication génèrent du CO_2, des produits chimiques toxiques pour certains et sont consommateurs de beaucoup d'eau.
- ☐ d. Le recyclage en fin de vie de ces dispositifs n'est pas possible.

3 Le stockage de l'électricité

FICHE 25

1. Sous quelle forme peut-on stocker l'énergie électrique ?

☐ a. mécanique ☐ b. chimique ☐ b. électrique

2. Quels sont les deux moyens de stockage de l'énergie utilisés actuellement dans les voitures électriques ?

- ☐ a. STEP
- ☐ b. pile à hydrogène
- ☐ c. dispositif électromagnétique
- ☐ d. accumulateur lithium-ion

CORRIGÉS

1 La production d'électricité sans combustion

Réponses b, c et e.

Les affirmations **a.** et **d.** sont fausses, car l'électricité est obtenue dans un cas par conversion de l'énergie radiative solaire dans une centrale photovoltaïque et dans l'autre par conversion d'énergie chimique dans une pile à combustible.

2 La face cachée de l'électricité bas-carbone

Réponse c.

- L'affirmation **a.** est fausse, car les terres rares utilisées dans la fabrication des dispositifs éolien et solaire sont globalement abondantes dans la croûte terrestre ; tout comme le sont les métaux usuels et précieux.
- L'affirmation **b.** est fausse, car le fonctionnement de ces dispositifs se fait sans combustion.
- L'affirmation **d.** est fausse, car le recyclage des métaux usuels et précieux se fait bien. Et si les terres rares ne sont encore que très peu recyclées, leur recyclage est possible.

3 Le stockage de l'électricité

1. **Réponses a, b et c.**

On stocke l'énergie électrique sous forme d'énergie mécanique (STEP), chimique (accumulateur) ou électrique (supercondensateur).

2. **Réponses b et d.**

Les réponses **a.** et **c.** sont fausses, car ces formes servent pour le stockage stationnaire d'électricité et non pour une application liée à la mobilité (téléphone, ordinateur, voiture, etc.).

À noter

La technologie de stockage électromagnétique reste essentiellement à l'état de recherche pour le moment.

Transporter l'électricité

27

☐ OK

Les réseaux électriques, via les lignes à haute tension, ont à la fois un rôle de transport de l'électricité vers le consommateur final et un rôle d'échange entre grandes régions et entre pays.

I Les lignes, voies de transport de l'électricité

- Pour pouvoir circuler entre une source (centrale électrique) et une ou des charges (utilisateurs), le courant électrique a besoin d'un **circuit fermé**. Une ligne électrique doit donc être constituée d'au moins deux **câbles conducteurs**. Toutefois, pour faciliter la production et optimiser le poids des lignes, on utilise le plus souvent un système de tensions et de courants **alternatifs triphasés**, c'est-à-dire possédant trois conducteurs ou trois groupes de câbles conducteurs par circuit.

DOC. 1. **Transport de l'électricité en triphasé**

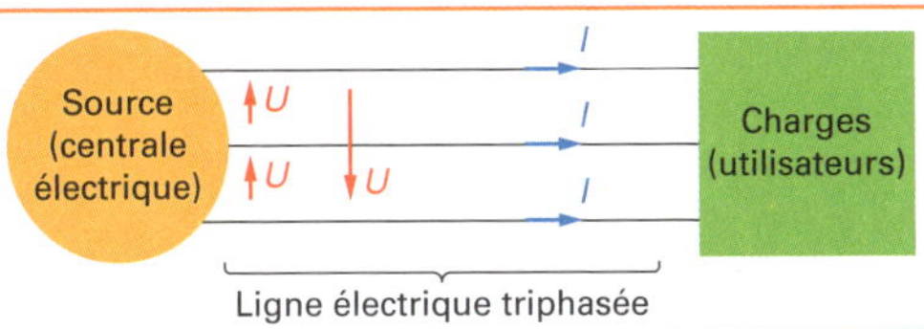

- **La tension** de la ligne est la tension électrique efficace U présente entre les câbles conducteurs. La tension U se mesure **en volts** (symbole : V).

Pour un bon fonctionnement du réseau, cette tension, imposée par la source en amont, doit avoir une valeur quasiment constante, quelle que soit la puissance transportée par la ligne. En France, les lignes à haute tension ont une tension comprise entre 63 000 et 400 000 V.

Mots clés

- La **tension** est la différence de potentiel électrique entre deux points d'un circuit, permettant de mettre en mouvement les électrons.
- L'**intensité** correspond au flux (au débit) d'électrons dans le circuit.

- **L'intensité** efficace du courant électrique I parcourant chaque conducteur est déterminée par la consommation des utilisateurs en aval. Contrairement à la tension U, l'intensité I est donc, à priori, variable.

L'intensité I se mesure en ampères (symbole : A).

- La puissance électrique se mesure en watts (symbole : W).

La puissance P transportée par une ligne électrique aérienne est fonction de la tension U et de l'intensité I :

- dans le cas d'une ligne monophasée (2 câbles), $P = U \times I$;
- dans le cas d'une ligne triphasée (3 câbles), $P = U \times I \times \sqrt{3}$.

II Les réseaux en France métropolitaine

- Le réseau électrique français de métropole est architecturé selon deux niveaux :
  - le réseau de transport, dont le rôle est d'acheminer la production des grandes centrales vers les grands centres urbains, d'interconnecter les régions et de permettre les échanges avec les pays limitrophes ;
  - le réseau de distribution, dont le rôle est d'amener l'électricité à l'échelle locale vers chaque utilisateur final.

DOC. 2. Réseau de grand transport en France

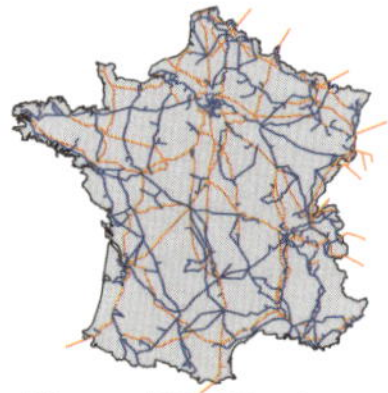

À noter

Dans certains pays où l'électricité est transportée sur de très longues distances, on peut trouver des lignes à 800 000 V, voire à 1 100 000 V.

- Le réseau de transport français est constitué de plus de 100 000 km de lignes à très haute tension (400 kV, 225 kV, 90 kV et 63 kV), qui permettent d'acheminer de grandes puissances sur de longues distances avec des pertes minimales ▶ FICHE 28.

Il comprend également plus de 2 700 postes électriques, dont le rôle est d'aiguiller la puissance sur le réseau en fonction de la production et des besoins, et de convertir la tension d'une valeur à une autre entre deux lignes si nécessaire.

Le réseau de transport français est développé, entretenu et opéré par un gestionnaire unique : RTE (Réseau de transport d'électricité).

- Le réseau de distribution est constitué de plus de 600 000 km de lignes à moyenne tension (20 kV), de plus de 700 000 km de lignes à basse tension (230/400 V), et de plus de 700 000 postes de distribution.

Le réseau de distribution appartient aux collectivités locales. Il est opéré pour très grande partie par Enedis.

Limiter les pertes en ligne par échauffement

28

☐ OK

Réduire l'échauffement des câbles lors du transport de l'électricité est un enjeu économique, mais aussi technique, car l'échauffement est une limite à la puissance transportée.

I L'effet Joule, à l'origine des échauffements

1 L'effet Joule provoque une perte de puissance

- **La résistance** d'un conducteur électrique au passage du courant se mesure **en ohms** (symbole : Ω). La résistance d'un câble de ligne électrique est très faible, mais pas totalement nulle. Il en résulte un **échauffement** lorsque le courant circule dans le câble : c'est **l'effet Joule**.

- La puissance électrique convertie en puissance thermique par effet Joule P_J (puissance perdue), dans un conducteur de résistance R, parcouru par une intensité de courant I, a pour expression : $P_J = R \times I^2$.

À noter

Les pertes Joule P_J sont proportionnelles au carré de l'intensité du courant transporté : doubler l'intensité multiplie l'échauffement – et donc les pertes – par 4.

DOC. Schéma électrique simplifié d'une ligne à haute tension

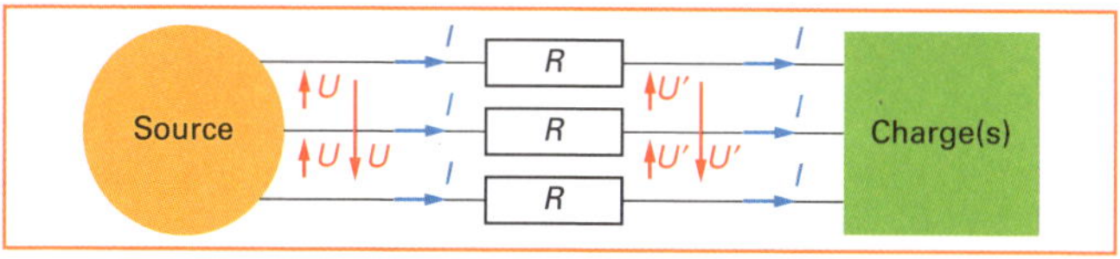

- L'**intensité** du courant électrique est **conservative** : elle reste la même d'un bout à l'autre de la ligne indépendamment de la résistance des câbles. En revanche, la **puissance perdue** par effet Joule (ici, $P_J = 3 \times R \times I^2$ pour les trois câbles) provoque une légère **chute de tension** entre le départ et l'arrivée ($U > U'$).

- Les pertes Joule ont donc un coût financier et écologique, car la source doit produire une puissance légèrement supérieure à celle consommée par la charge.

À noter

En France, les pertes par effet Joule représentent un peu moins de 10 % de la puissance totale.

2 L'effet Joule limite la puissance maximale des lignes

L'effet Joule a aussi des conséquences physiques néfastes pour les lignes. L'échauffement provoque une dilatation des matériaux et un **allongement des câbles** ; les points bas des lignes aériennes se rapprochent alors trop du sol entre les pylônes. Sur les lignes enterrées, l'échauffement cause un **vieillissement accéléré de l'isolant.**

II L'influence de la tension sur l'échauffement

- Partons de la puissance transportée : $P = U \times I \times \sqrt{3} \Leftrightarrow I = \dfrac{P}{U \times \sqrt{3}}$

Pour une ligne à trois conducteurs, les pertes Joule sont :

$$P_J = 3 \times R \times I^2 = 3 \times R \times \left(\frac{P}{U \times \sqrt{3}}\right)^2 = \frac{R}{U^2} \times P^2$$

- L'expression ci-dessus montre que les **pertes Joules P_J** sont **inversement proportionnelles au carré de la tension U** (doubler la tension divise les pertes par 4). Il est donc particulièrement intéressant de choisir une forte valeur de tension de ligne pour diminuer les pertes et l'échauffement.

Cependant, pour une ligne aérienne, une tension plus élevée impose d'espacer les câbles et de les placer plus loin du sol pour éviter le risque d'**arc électrique**, ce qui signifie, en contrepartie, des pylônes plus grands et moins facilement acceptés.

> **À noter**
> Les choix de tensions utilisées sur le réseau ▶ FICHE 27 résultent de compromis, en fonction de la distance à franchir et de la puissance à transporter.

Par ailleurs, les **lignes souterraines ou sous-marines** en courant alternatif sont limitées en tension et en longueur. Pour contourner ce problème, on peut utiliser du **courant continu**, mais il faut alors des installations de conversion à chaque extrémité de la ligne, qui engendrent d'autres types de pertes.

- Certains matériaux, dits « **supraconducteurs** », ont une résistance totalement nulle au-dessous d'une certaine température, et permettent de fabriquer des lignes électriques sans pertes Joule, mais il faut les refroidir à l'azote liquide.

À encombrement égal, ce type de lignes peut transporter cinq fois plus de puissance qu'une ligne classique. Elles pourraient être utilisées en environnement urbain, lorsqu'une grande puissance doit être transportée dans un espace restreint, par exemple pour alimenter en sous-sol des bornes de recharge automobiles.

Optimiser les réseaux de transport d'électricité

29

☐ OK

Dans un contexte de transition vers les énergies renouvelables et de croissance du parc de véhicules électriques, les opérateurs de réseaux doivent faire face à une production fluctuante et à de nouveaux besoins.

I La modélisation du réseau

- Un graphe de transport (ou graphe de flot) est composé d'un ensemble de **sommets** (représentés par des cercles sur le doc.), reliés par des **arêtes** (ou **arcs**). Un sommet auquel aboutissent plusieurs arêtes est aussi appelé **nœud** (cercle vert sur le doc.).

Pour un réseau électrique, les sommets représentent :
- **les sources**, c'est-à-dire les installations de production électrique ;
- **les postes électriques**, installations de commutation et d'aiguillage ;
- **les cibles destinatrices**, c'est-à-dire les sites de consommation ou les passerelles vers d'autres réseaux.

DOC. Graphe de transport d'un réseau électrique simple

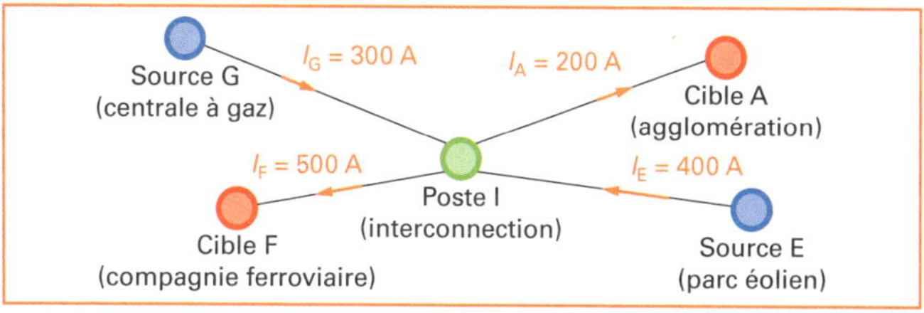

- Les arêtes entre les sommets représentent les lignes électriques qui les relient. La valeur de l'intensité empruntant une ligne peut être indiquée. Le sens des transferts est indiqué par des flèches.

- Le graphe doit être réaliste du point de vue de la physique. La somme des intensités sortant d'une source correspond à sa production. La somme des intensités entrant dans une cible correspond à sa consommation. À tension inchangée, la somme des intensités entrant dans un poste électrique doit être égale à la somme des intensités qui en ressortent. La production totale des sources doit équilibrer à chaque instant la consommation totale des cibles, car l'électricité ne peut pas être stockée en tant que telle.

II Rendre égales la production et la consommation

- Historiquement, les gestionnaires de réseaux ont toujours plutôt adapté la production à la consommation, ce qui nécessite d'avoir des centrales électriques **pilotables**, c'est-à-dire dont on peut ajuster la production facilement.
- À l'heure où l'essor des véhicules électriques engendre une consommation supplémentaire, une part de plus en plus importante d'énergies renouvelables (**EnR**) solaire et éolienne est introduite dans le réseau. Ces productions, qui dépendent de l'heure et de la météo, sont **intermittentes** et **non-pilotables**.

Pour en intégrer une proportion croissante dans le **mix électrique**, il faudra donc désormais pouvoir agir aussi sur les consommations, car l'équilibrage ne peut plus se faire par la régulation des seuls moyens de production.

> **À noter**
> On qualifie de « fatales » les sources d'énergie qui dépendent de facteurs extérieurs non maîtrisables, comme le solaire et l'éolien (à rapprocher de l'anglais *fate*, dans le sens de « destin »).

- Ainsi, un **réseau électrique intelligent** (**REI** ou « **smart grid** ») peut, en cas de besoin, « **effacer** » les consommations de certains équipements industriels ou domestiques (par exemple ballons d'eau chaude, chargeurs de véhicules électriques, électro-ménager lourd, etc.). Cela consiste à commander à distance ces équipements, afin d'en décaler le fonctionnement dans le temps ou même de le supprimer pour les utilisateurs qui l'autorisent. Cette ingérence est rendue acceptable par une contrepartie financière (tarif attractif).

De plus, un tel réseau peut gérer au mieux la répartition de la puissance, de façon à minimiser les pertes en ligne par effet Joule.

ZOOM

Smart Grids : des réseaux en partie réversibles

— Électricité provenant des centrales de production (nucléaire, thermique...)
— Production d'électricité à partir de sources de production décentralisée (énergies renouvelables)

FLASHCARDS

30

Mémorisez les idées clés des fiches 27 à 29.

Optimisation du transport de l'électricité

1

Combien de câbles conducteurs sont nécessaires pour une ligne électrique ?

▶ FICHE 27

2

En France métropolitaine, quel est le rôle du réseau électrique de transport ?

▶ FICHE 27

3

Quelles sont les conséquences de l'effet Joule pour le transport de l'électricité ?

▶ FICHE 28

4

Dans quelles situations utilise-t-on des lignes de transport à courant continu ?

▶ FICHE 28

5

À quels changements les opérateurs de réseaux doivent-ils se préparer ?

▶ FICHE 29

6

Dans un graphe de transport modélisant un réseau électrique, que représentent les sommets ?

▶ FICHE 29

7

Pourquoi qualifie-t-on de « fatales » les productions d'électricité solaire et éolienne ?

▶ FICHE 29

8

Que signifie « effacer » une consommation électrique ?

▶ FICHE 29

RÉPONSES

Pour mieux ancrer les connaissances, découpez les cartes et jouez avec !

2

Le **réseau électrique de transport** a pour rôle d'acheminer la production des centrales vers les centres urbains, d'interconnecter les régions et de permettre les échanges avec les pays limitrophes.

1

La grande majorité des **lignes électriques** transportent du courant alternatif triphasé ; pour ces lignes, trois conducteurs sont nécessaires.

4

Le **courant continu** est utilisé pour les lignes sous-marines ou souterraines de longueurs importantes.

3

L'**effet Joule** se traduit par un échauffement, qui conduit à :
- une perte d'énergie ;
- un vieillissement accéléré des matériaux ;
- un allongement des câbles entre les pylônes.

6

Les **sommets** représentent :
- les installations de production du courant ;
- les installations de commutation et d'aiguillage ;
- les sites de consommation ou les passerelles vers d'autres réseaux.

5

Les **opérateurs de réseaux** doivent se préparer à une part croissante d'électricité fluctuante d'origine éolienne et solaire, et à une augmentation de la consommation engendrée par les véhicules électriques.

8

L'**effacement de consommation** consiste à supprimer ou à décaler dans le temps les consommations de certains utilisateurs, pour mettre en adéquation la consommation totale et la production totale.

7

Les **productions d'électricité solaire et éolienne** sont à la fois fluctuantes et non-modulables. En effet, elles dépendent fortement de la météo et, pour le solaire, de l'alternance jour-nuit.

Les critères de choix d'un mix énergétique

31

☐ OK

La composition d'un mix énergétique traduit des arbitrages à différents niveaux (États, industriels, consommateurs) en fonction de nombreux critères et paramètres.

I La disponibilité des ressources énergétiques

1 L'exploitation des ressources naturelles locales

- L'autonomie énergétique est un enjeu majeur pour chaque territoire.

Les ressources disponibles localement sont donc exploitées en priorité.

- Lorsque le contexte géographique et géopolitique le permet, des ressources énergétiques sont importées, tantôt par nécessité, tantôt pour réduire les coûts. À l'inverse, l'excédent peut être exporté et devenir une source de revenus.

Mots clés

- Le **mix énergétique** désigne la répartition des différentes sources d'énergie consommées.
- Le **mix électrique** désigne la répartition des différentes sources d'électricité. Il est inclus dans le mix énergétique.

2 Le stockage des ressources intermittentes

- Certaines énergies renouvelables sont intermittentes ▶ FICHE 25. Elles ont une production variable et non programmable, car dépendante des conditions météorologiques et du cycle jour/nuit.
- Pour assurer l'équilibre entre l'offre et la demande ▶ FICHE 29, il faut stocker l'énergie et piloter les réseaux et les installations. Des solutions sont à l'étude comme le stockage de chaleur ou encore l'utilisation du dihydrogène fabriqué à partir de l'électrolyse de l'eau comme vecteur intermédiaire de stockage.

II Les coûts de production

Les coûts de production varient d'une technologie à une autre.

Pour l'électricité, un indicateur appelé LCOE (Levelized Cost of Energy) permet de les comparer. Il prend en compte les coûts : d'acquisition, de construction, de rénovation du système ; d'opérations et de maintenance (main-d'œuvre et matériel) ; d'achats de carburant (inexistants dans le cas d'une énergie renouvelable).

III L'anticipation des impacts et la gestion des risques

1 Les impacts écologiques

En plus de contribuer au dérèglement climatique ▶ FICHE 32, la production et la consommation d'énergie peuvent nuire directement aux écosystèmes.

Les barrages hydroélectriques provoquent la fragmentation de l'habitat des espèces aquatiques ▶ FICHE 37. L'extraction du gaz de schiste ou celle du charbon polluent les nappes phréatiques.

DOC. **Une excavatrice dans la mine de Garzweiler, en Allemagne (2019)**

Produire des biocarburants (ou agrocarburants) a non seulement un impact sur les sols, les nappes phréatiques et la biodiversité, mais aussi sur les émissions de CO_2 ▶ FICHE 4.

2 Les impacts sanitaires

- En polluant l'air ou l'eau, la production et la consommation d'énergie peuvent provoquer de nombreuses maladies. ▶ FICHE 16.
- La production d'énergie peut aussi être à l'origine de catastrophes industrielles, comme en 2014 lors d'une explosion suivie d'un incendie dans la mine de charbon de Soma, en Turquie, qui a fait 300 victimes.

ZOOM

Quand l'Islande se chauffe grâce aux volcans

L'Islande, une des zones tectoniques les plus actives du globe, compte plus de 200 volcans. Ce contexte géologique particulier permet d'utiliser de l'eau qui a circulé en profondeur, et s'est réchauffée au contact des roches, pour chauffer les habitations et pour produire de l'électricité.

Les eaux de la station thermale du Lagon bleu proviennent de la centrale géothermique de Svartsengi, en Islande

La transition énergétique face à l'urgence climatique

32

☐ OK

Dans le contexte du dérèglement climatique, il est urgent de basculer au niveau mondial vers des énergies décarbonées, ce qui nécessite d'innover.

I Favoriser la transition énergétique

- Un état peut décider de développer des infrastructures (voies de transport en commun, par exemple), de mettre en place différents types de mesures (réglementaires, financières ou fiscales) pour promouvoir des sources d'énergie émettant moins de GES.
- Il est également possible de réguler au niveau national les industries polluantes, par exemple en fermant des centrales à charbon.
- Les émissions de CO_2 par habitant varient d'un pays à l'autre. La plupart des pays à hauts revenus polluent plus que la plupart des pays à bas revenus. Les COP sont l'occasion de négociations sur le soutien au développement et la réduction des émissions de GES ▶ FICHE 17, de transferts de technologies et d'aides à la transition énergétique.

II Innover au service du développement durable

1 Améliorer le stockage de l'électricité

- En dix ans, le prix des batteries lithium-ion ▶ FICHE 25 a été divisé par neuf, grâce à de nombreuses innovations qui ont amélioré leurs performances et leur durée de vie, réduit leur temps de charge.
- Ces innovations rendent de plus en plus compétitif le couplage entre une source d'énergie intermittente et une batterie. De plus, elles facilitent l'électrification d'autres domaines, comme les transports.

2 Valoriser les alternatives au charbon

Le charbon apparaît aujourd'hui comme l'ennemi numéro un dans la lutte contre le réchauffement climatique. Les énergies nucléaire et renouvelables sont décarbonées, et le gaz naturel émet quant à lui significativement moins de GES que le charbon.

3 Capturer le carbone

À plus long terme, les recherches s'orientent vers la capture du CO_2, puis vers sa séquestration dans le sous-sol terrestre.

III L'inertie des systèmes, l'urgence de l'action

- La transition d'une énergie vers une autre implique une **transformation du secteur d'activité** associé, et donc la suppression de certains métiers pour lesquels une **reconversion** n'est pas toujours envisageable.

DOC. La centrale à charbon de Glen Lyn (États-Unis), fermée en 2015 après avoir fonctionné 71 ans

- Fermer toutes les centrales à charbon sans en ouvrir de nouvelles irait dans le sens de l'accord de Paris sur le climat. Toutefois, leur durée d'amortissement de plusieurs décennies peut retarder le déploiement de technologies plus respectueuses du climat, de l'environnement et de la santé humaine.
- En parallèle de la production, les consommateurs d'énergie sont également soumis à une certaine inertie. Par exemple, une entreprise de transport amortit ses camions sur de nombreuses années, ce qui ralentit l'électrification du secteur. De la même manière, les pompes à chaleur représentent une alternative moins carbonée aux chaudières pour le chauffage, mais représentent un investissement lourd.

ZOOM

Une expérience de capture du CO_2 dans l'atmosphère

Climeworks capture du CO_2 dans l'air en le fixant à un filtre et le revend à des entreprises agroalimentaires (pour fabriquer des sodas) ou à des serres (le CO_2 permet la photosynthèse).

Séquestration du CO_2 de l'atmosphère par Climeworks, à Zurich, en Suisse

Cette technologie gourmande en énergie n'est actuellement pas rentable mais pourrait utiliser l'excédent d'électricité produit par des panneaux solaires et des éoliennes.

Le nucléaire, un exemple de choix énergétique

33

☐ OK

Le nucléaire est une source d'énergie décarbonée mais dont les installations sont coûteuses à sécuriser.

I Les caractéristiques du nucléaire en France

1 Des coûts de construction en hausse

- La **compétitivité** du nucléaire français s'appuie sur l'existence de **réacteurs déjà construits**. Aucun nouveau réacteur n'a été mis en service depuis 2002. Le délai maximal de démarrage de l'EPR de Flamanville (réacteur de troisième génération), dont le chantier a commencé en 2007, a été repoussé à 2024.
- La fission nucléaire consomme de l'**uranium**, extrait au **Canada**, au **Kazakhstan** et au **Niger**. C'est un **combustible peu coûteux**, car une petite quantité suffit : la fission de l'uranium libère environ 2 millions de fois plus d'énergie que la combustion du charbon pour la même masse nette de combustible.

2 Une production stable d'électricité

- Les centrales nucléaires ne sont pas intermittentes. En revanche, moduler la puissance d'un réacteur est délicat et coûteux. Un réacteur est destiné à fonctionner **en continu** et **à charge constante**, sauf lors de sa maintenance.
- Les installations nucléaires en service permettent à la France de produire de manière constante une grande quantité d'électricité à faible coût, ce qui fait de notre pays le **premier exportateur d'électricité de l'Union européenne**.

3 Un faible impact climatique et sanitaire

- Le nucléaire est une énergie **non renouvelable** mais **peu carbonée** : son impact sur le climat est négligeable. En l'absence d'accident industriel, elle ne provoque pas de maladies respiratoires chez les populations, et les accidents sont rares.
- Toutefois, la fission nucléaire produit des **déchets radioactifs** issus du **retraitement des combustibles usés**. Certains de ces déchets sont très dangereux pour le vivant et doivent être confinés jusqu'à des centaines de milliers d'années pour ceux dont la période radioactive est longue.

II Les perspectives d'évolution du nucléaire français

1 Les petits réacteurs modulaires (*Small modular reactors*)

- Les centrales nucléaires sont de gros projets qui nécessitent des **investissements lourds** avec un cycle de production sur le **temps long**. La durée de vie d'une centrale peut dépasser 40 ans.
- La fabrication en série de **mini-réacteurs** nucléaires, au **cycle de production court**, impliquant une **prise de risque plus faible** en cas de problème, permettrait de tester de nombreuses **innovations**. Des start-ups de la Silicon Valley et des acteurs majeurs de l'énergie (en France, EDF et le CEA) travaillent sur le sujet.

2 La fusion nucléaire

- Alors que la **fission nucléaire**, processus actuellement industrialisé, consiste à **casser des noyaux atomiques** pour produire de l'énergie, la **fusion nucléaire** est le processus inverse par lequel des noyaux atomiques fusionnent en un noyau plus lourd. La fusion est **plus sûre** que la fission (**pas d'emballement** de la réaction) et elle ne génère **pas de déchets radioactifs de haute activité à vie longue**.
- Quand on parviendra à la contrôler, la fusion nucléaire pourra libérer une **énergie quatre fois supérieure à celle de la fission** nucléaire.

C'est l'objectif du projet Iter, fruit de la collaboration de 35 pays. Même si toutes les étapes du projet se déroulent avec succès, la première centrale à fusion ne pourra pas être construite avant 2050.

ZOOM

L'arche de confinement de la centrale de Tchernobyl

Le réacteur numéro 4 de la centrale de Tchernobyl a explosé en avril 1986.

En 2018 a été achevée une structure mesurant 108 mètres de haut pour un poids total de 36 000 tonnes, destinée à remplacer l'ancienne et à assurer la sécurité du site pour les 100 ans à venir.

Cette arche de confinement a été conçue par un groupe d'entreprises majoritairement françaises.

Quiz EXPRESS

34

Avez-vous bien révisé les fiches 31 à 33 ? On vérifie !

Les choix énergétiques et leurs impacts

1 Les critères de choix d'un mix énergétique

▶ FICHE 31

Comment une source d'énergie peut-elle impacter l'environnement ?

☐ **a.** en augmentant l'activité volcanique

☐ **b.** en détruisant des écosystèmes

☐ **c.** en émettant des gaz à effet de serre dans l'atmosphère

2 La transition énergétique face à l'urgence climatique

▶ FICHE 32

1. Quels sont les pays qui émettent le plus de CO_2 par habitant ?

☐ **a.** les pays à hauts revenus

☐ **b.** les pays à bas revenus

2. Pourquoi le charbon est-il encore utilisé comme ressource ?

☐ **a.** parce qu'il émet peu de GES

☐ **b.** parce que c'est une ressource intermittente

☐ **c.** parce que la filière est installée depuis longtemps

3 Le nucléaire, un exemple de choix énergétique

▶ FICHE 33

1. Parmi ces propositions, laquelle est vraie ?

☐ **a.** Construire et gérer une centrale nucléaire est un projet à long terme.

☐ **b.** Le nucléaire émet beaucoup de CO_2.

☐ **c.** Le nucléaire n'a aucun impact environnemental.

2. Quels sont les avantages de la fusion nucléaire ?

☐ **a.** Elle permet de capturer le carbone de l'air.

☐ **b.** Elle ne rejette pas de déchets radioactifs de haute activité à vie longue.

☐ **c.** Elle ne provoque pas d'emballement du réacteur.

CORRIGÉS

1 Les critères de choix d'un mix énergétique

Réponses b et c.
Aucune source d'énergie n'a la moindre influence sur l'activité volcanique ; la réponse **a** est donc fausse.

2 La transition énergétique face à l'urgence climatique

1. **Réponse a.**
Si les pays à bas revenus peuvent émettre parfois plus de CO_2 en valeur absolue que les pays à haut revenus, une fois rapporté à la population le classement s'inverse.

2. **Réponse c.**
Le charbon est un combustible qui peut être stocké ; la réponse **b** est donc fausse. C'est l'un des combustibles qui émet le plus de CO_2, loin devant le gaz, et plus loin encore devant le nucléaire et les énergies solaires et éoliennes ; la réponse **a** est donc fausse. Mais la filière du charbon est déployée dans le monde entier depuis 1850 et cette ressource est abondante, ce qui explique une certaine inertie.

3 Le nucléaire, un exemple de choix énergétique

1. **Réponse a.**
La construction d'une centrale nucléaire peut prendre plus de 10 ans, tandis que son exploitation peut dépasser 40 ans. Bien qu'étant une énergie décarbonée (réponse **b** fausse), le nucléaire n'est pas sans impact environnemental. Certains déchets peuvent rester radioactifs pendant des centaines de milliers d'années et le refroidissement des centrales impacte les écosystèmes en provoquant une augmentation de la température des cours d'eau en aval ; la réponse **c** est donc fausse.

2. **Réponses b et c.**
Lors de la fusion nucléaire, deux noyaux d'hydrogène « s'assemblent » pour former un noyau plus lourd. Cette réaction est difficile à maintenir dans le temps, ce qui a l'avantage d'éviter tout emballement du réacteur. Aucun déchet de haute activité à vie longue n'est rejeté, car il ne s'agit pas de briser de gros atomes. Par contre, la fusion ne permet pas de capturer le carbone de l'air ; donc la réponse **a** est fausse.

L'estimation de la biodiversité

35

☐ OK

La Terre est habitée par une grande diversité d'êtres vivants, dont seule une faible proportion est réellement connue. On peut estimer la biodiversité à l'aide de plusieurs méthodes.

I L'estimation par échantillonnage

- La biodiversité est mesurée grâce à des techniques d'échantillonnage (spécimens ou ADN). On peut obtenir des échantillons lors de sorties de terrain ou d'explorations scientifiques.

> **Mot clé**
> Un **échantillonnage** est le prélèvement d'une petite partie d'un ensemble, que l'on va examiner et qui permettra d'obtenir des informations sur la totalité de l'ensemble.

- Plusieurs méthodes permettent d'estimer la biodiversité à partir d'échantillons :
  - la **méthode du quadrat** offre une estimation de la **richesse spécifique** (nombre d'espèces) et de l'**abondance** (nombre d'individus) d'une population, d'une espèce ou d'un plus grand taxon sur une **surface délimitée** ;
  - la **méthode du transect** permet de réaliser les mêmes estimations le long d'une **ligne virtuelle**.

II L'estimation par capture-marquage-recapture

- Lorsque l'échantillonnage d'une surface délimitée n'est pas envisageable, il est possible d'estimer un effectif grâce à la **méthode de capture-marquage-recapture (CMR)**, qui repose sur le **principe de proportionnalité**. En écologie, cette méthode est souvent utilisée pour estimer l'**abondance de populations**.

C'est d'ailleurs cette méthode que le zoologiste britannique Henry Bernard Davis Kettlewell (1907-1979) utilisa pour la phalène du bouleau, un papillon de nuit clair ou sombre qui se repose sur le tronc des bouleaux, et dont la part d'individus sombres de sa population a augmenté depuis la révolution industrielle.

- Lors de la méthode de capture-marquage-recapture, un grand nombre de phalènes des deux formes sont capturées, marquées au niveau du ventre puis relâchées à la fois dans une zone boisée non polluée et dans une zone polluée. Quelques jours plus tard, une nouvelle campagne de capture est menée.

DOC. **Un résultat de l'expérience menée par Kettlewell (1955)**

Zone boisée non polluée	Forme blanche
Nombre d'individus capturés, marqués, relâchés (M)	496
Nombre d'individus recapturés (n)	121
Nombre d'individus recapturés marqués (m)	62

- Les formes claires recapturées sont plus nombreuses dans les régions boisées, non polluées, où elles peuvent se camoufler sur les troncs clairs et donc échapper aux oiseaux. Elles sont moins nombreuses dans les régions polluées, où les formes claires sont plus visibles sur les troncs d'arbres recouverts de suie.
- On peut faire une **estimation** de la taille N de la population de phalènes à l'aide de **l'indice de Lincoln-Peterson.** On fait l'hypothèse que la proportion d'individus marqués dans l'échantillon est égale à la proportion d'individus marqués dans la population, c'est-à-dire $\frac{m}{n} = \frac{M}{N}$; alors $N = M \times \frac{n}{m}$. Avec les données précédentes, on obtient : $N = 496 \times \frac{121}{62}$, soit $N = 968$.

III L'estimation par intervalle de confiance

- On peut aussi évaluer la proportion d'individus qui portent un caractère donné dans la population à l'aide d'un **intervalle de confiance**, élaboré à partir d'un échantillon. Plus la taille de l'échantillon est grande, plus l'intervalle de confiance est réduit et l'estimation **précise**.
- Un intervalle de confiance est toujours associé à un **niveau de confiance**, souvent de 95 %. Il permet d'établir la « marge d'erreur » entre les données recueillies dans l'échantillon et les données de la population totale.

ZOOM

Cap sur les coraux du Pacifique

Les récifs coralliens du Pacifique sont étudiés le long d'un transect. Cette cartographie permet aux chercheurs de comprendre les capacités d'adaptation des coraux face aux changements climatiques et environnementaux.

Échantillonnage de coraux en Papouasie-Nouvelle Guinée (expédition Tara Pacific)

La composition génétique d'une population

36

☐ OK

La composition génétique d'une population évolue au fil des générations. Le modèle de Hardy-Weinberg, central en génétique, prévoit une stabilisation rapide de cette composition sous certaines conditions.

I Le principe du modèle de Hardy-Weinberg

- Pour étudier la composition génétique d'une population, on considère un gène pour lequel il existe deux allèles, et une **population « idéale »** au sein de laquelle les individus possèdent deux allèles pour ce gène.

Cette population « idéale » doit vérifier certaines conditions : une grande taille, théoriquement une **taille « infinie »** ; **pas de mutation**, de **sélection**, de **dérive génétique**, et **pas de migration** ; **pas de croisements entre générations**. On suppose que les gamètes se rencontrent de manière aléatoire (**panmixie**).

À noter

Les cellules des individus de cette population sont **diploïdes** : leurs chromosomes sont présents par paires, donc elles possèdent deux allèles pour chaque gène.

- Le mathématicien britannique G. H. Hardy et le médecin allemand W. Weinberg ont établi en 1908 une loi qui affirme que, quelle que soit la distribution initiale des allèles dans une population idéale (génération 0), supposée identique chez les hommes et les femmes, les **fréquences alléliques** restent constantes à partir de la génération 1. Les fréquences génotypiques s'en déduisent et restent également constantes. On parle d'**équilibre de Hardy-Weinberg.**

Mot clé

Le **génotype** d'un individu est l'ensemble de ses allèles.

II Le modèle mathématique

- A et a sont les deux allèles du gène étudié. Un individu peut donc présenter l'un des trois génotypes : AA, Aa, aa.

On note respectivement p_0, q_0 et r_0 les fréquences initiales de ces trois génotypes, et, pour tout entier $n \geqslant 1$, p_n, q_n et r_n leurs fréquences à la génération n.

À noter

Pour tout entier naturel n : $p_n + q_n + r_n = 1$.

On montre que $p_0 - r_0 = p_1 - r_1 = p_2 - r_2 = \ldots = p_n - r_n = \alpha$ pour tout entier naturel n et que les fréquences des génotypes au fil des générations sont :

- $p_1 = \left(\frac{1+\alpha}{2}\right)^2 ; p_2 = \left(\frac{1+\alpha}{2}\right)^2 ; p_3 = \left(\frac{1+\alpha}{2}\right)^2 \ldots$
- $r_1 = \left(\frac{1-\alpha}{2}\right)^2 ; r_2 = \left(\frac{1-\alpha}{2}\right)^2 ; r_3 = \left(\frac{1-\alpha}{2}\right)^2 \ldots$
- $q_1 = \frac{1-\alpha^2}{2} ; q_2 = \frac{1-\alpha^2}{2} ; q_3 = \frac{1-\alpha^2}{2} \ldots$

Si on note respectivement F et f les fréquences des allèles A et a à partir de la génération 1, alors pour $n \geqslant 1$: $F = \frac{2p_n + q_n}{2}$ et $f = \frac{2r_n + q_n}{2}$, et les fréquences génotypiques attendues sont :

$p_n = F^2 ; q_n = 2Ff ; r_n = f^2$

À noter

On peut toujours calculer les fréquences alléliques à partir des fréquences génotypiques.
Le calcul inverse n'est possible que pour une population à l'équilibre de Hardy-Weinberg.

III Les écarts par rapport au modèle de Hardy-Weinberg

On considère toujours un gène à deux allèles, et une population d'individus possédant tous deux allèles pour ce gène.

Pour savoir si cette population est « à l'équilibre de Hardy-Weinberg » :

- on relève les effectifs et on calcule la fréquence de chaque génotype ;
- on calcule les fréquences alléliques F et f correspondantes ;
- on calcule les fréquences génotypiques attendues à partir des fréquences alléliques F et f.

Si les écarts entre les fréquences génotypiques observées et les fréquences génotypiques attendues sont importants, alors la population n'est pas « à l'équilibre de Hardy-Weinberg ».

Ces écarts s'expliquent notamment par les effets de forces évolutives modifiant la fréquence des allèles, comme les mutations, sélections, dérives génétiques et migrations.

L'impact des activités humaines sur la biodiversité

37

☐ OK

Les activités humaines perturbent le fonctionnement des écosystèmes, aboutissant à une perte de la biodiversité. Des solutions doivent être trouvées afin de permettre une gestion durable des écosystèmes.

I Les activités humaines et la biodiversité

- Les activités humaines impactent **la biodiversité**, entraînant un **déclin de l'abondance de certaines populations** et parfois l'**extinction de certaines espèces**.
- La **déforestation**, par exemple, entraîne une **perte d'habitat** à l'échelle locale pour de nombreux êtres vivants et contribue au **dérèglement climatique** en perturbant le cycle du carbone.
- La **fragmentation des habitats**, qui divise un écosystème en plusieurs parcelles de taille réduite et isolées spatialement, constitue la **principale cause d'extinction des espèces** à l'échelle planétaire.
- La fragmentation d'une population en plusieurs échantillons de faible effectif entraîne, par dérive génétique, un **appauvrissement de sa diversité génétique**.

Mot clé

La **dérive génétique** est la modification aléatoire de la fréquence des allèles au sein d'une population, d'une génération à la suivante. Elle est d'autant plus importante que l'effectif de la population est faible.

DOC. Illustration de la fragmentation de l'habitat des amphibiens

D'après J. Muratet, Ecodiv

Au cours de leur cycle de vie, les amphibiens doivent effectuer des migrations entre habitat aquatique et terrestre qui sont indispensables à leur reproduction.
La construction de routes, en fragmentant leur habitat, va isoler certaines populations d'amphibiens et peut causer leur extinction à plus ou moins long terme.

II La gestion durable des écosystèmes

- Les humains exploitent les écosystèmes de la planète afin de subvenir à leurs besoins mais subissent aussi les conséquences de leurs dégradations. Nous sommes en effet en **interaction permanente** avec les écosystèmes et notre santé en dépend puisque l'environnement nous procure, entre autres, nourriture et médicaments. Une **gestion raisonnée des ressources exploitables**, grâce à une approche écologique, est indispensable pour limiter les impacts des activités humaines.

> **Mot clé**
> L'**écologie** est l'étude des interactions des êtres vivants entre eux et avec leur environnement.

- Des techniques d'**ingénierie écologique** peuvent limiter les impacts écologiques des aménagements humains et restaurer des écosystèmes dégradés, permettant d'y **préserver la biodiversité**.

ZOOM

Attention ! Amphibiens à protéger

Des étudiants en écologie ont réalisé puis déposé des panneaux d'information à l'entrée des blockhaus de Saint Nazaire (Loire Atlantique) afin de demander aux jeunes qui réalisent des tags d'emporter avec eux leurs bombes de peinture. Si elles restent près des blockhaus, les solvants des peintures détruisent de nombreuses espèces d'amphibiens qui y vivent (crapauds, grenouilles, tritons, salamandres).

FLASHCARDS

38

Mémorisez les idées clés des fiches 35 à 37.

La biodiversité et son évolution

1

Comment mesure-t-on la biodiversité ?

▶ FICHE 35

2

Que permet d'estimer la méthode de Lincoln-Peterson ?

▶ FICHE 35

3

Qu'est-ce que la panmixie ?

▶ FICHE 36

4

Qu'est-ce que l'équilibre de Hardy-Weinberg ?

▶ FICHE 36

5

Quelles sont les conséquences de la déforestation ?

▶ FICHE 37

6

Qu'est-ce que la fragmentation d'un habitat ?

▶ FICHE 37

7

Quelles sont les conséquences de la fragmentation d'une population ?

▶ FICHE 37

8

En quoi notre santé dépend-elle des écosystèmes ?

▶ FICHE 37

RÉPONSES

Pour mieux ancrer les connaissances, découpez les cartes et jouez avec !

2

L'**indice de Lincoln-Peterson** permet d'estimer la taille de la totalité d'une population à partir d'une expérience de capture-marquage-recapture.

1

On mesure la biodiversité grâce à des techniques d'échantillonnage, les échantillons étant obtenus lors d'explorations scientifiques ou de sorties sur le terrain.

4

L'**équilibre de Hardy-Weinberg** stipule que, quelle que soit la distribution initiale des allèles au sein de la génération 0, les fréquences alléliques et génotypiques qui en dérivent restent constantes.

3

La **panmixie** est la rencontre aléatoire des gamètes.

6

La **fragmentation d'un habitat** est la transformation, par l'action humaine, d'un écosystème en plusieurs parcelles de taille réduite et isolées spatialement.

5

La **déforestation** entraîne une perte d'habitat pour de nombreux êtres vivants, et, à l'échelle globale, elle contribue au dérèglement climatique.

8

Notre santé dépend des écosystèmes, car ceux-ci nous procurent notamment de la nourriture et des médicaments.

7

La **fragmentation d'une population** entraîne un appauvrissement de la diversité génétique de cette population, par le phénomène de dérive génétique, et peut causer son extinction.

L'anatomie humaine, produit d'une histoire évolutive

39

☐ OK

La biologie évolutive permet de comprendre que des structures anatomiques comme l'œil résultent d'une longue histoire évolutive.

I L'œil, une structure résultant de l'évolution

- L'œil est une **structure sensorielle** dédiée à la détection de la lumière.

Le **premier « œil »**, caractérisé par un simple amas de pigments permettant de détecter la lumière et de générer des rythmes circadiens (jour/nuit) et saisonniers, serait apparu il y a 600 millions d'années.

- Au Cambrien (–540 à –490 Ma), deux types d'yeux plus complexes apparaissent :
  - des **yeux composés** (à facettes), comme chez les insectes, formés de la répétition d'éléments identiques, les **ommatidies**, chacune captant une partie du champ visuel ;
  - des **yeux camérulaires**, comme chez les vertébrés, dans lesquels l'image captée est projetée sur une rétine formée de **cellules photosensibles** ou **photorécepteurs**.

DOC. 1a. Œil composé

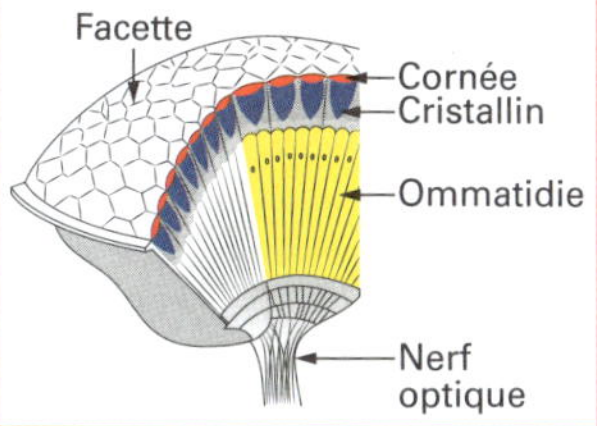

- L'apparition de ces structures nouvelles s'explique par un ensemble de **phénomènes évolutifs** liés au **hasard** : **duplications** de gènes, succession de **mutations** au niveau de gènes du développement, etc.

DOC. 1b. Œil camérulaire

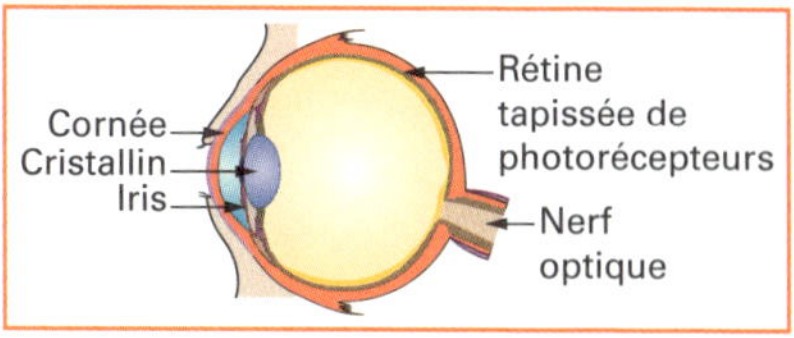

- Comme les yeux apportent aux individus un **avantage sélectif** dans leur **milieu de vie** en augmentant leurs chances de survie (détection des obstacles, des prédateurs et des proies), ils ont été conservés par **sélection naturelle** au cours de l'évolution.

Mot clé

Les **gènes du développement** sont responsables de la mise en place du plan d'organisation des êtres vivants.

II Exemples anatomiques issus d'héritages évolutifs

1 La crosse aortique, un héritage historique

Les organes se mettent en place au cours du développement embryonnaire. La crosse aortique, présente chez les vertébrés adultes, résulte ainsi d'une transformation du quatrième arc aortique gauche de l'embryon. Cette caractéristique, contrôlée par des gènes communs à tous les vertébrés, est le résultat d'un héritage historique de l'ancêtre commun des vertébrés.

2 Le téton masculin, une contrainte de construction

- Lors des six premières semaines de son développement, l'embryon humain est asexué. Durant cette période, le plan d'organisation des mammifères, et notamment la fabrication des tétons, se met en place.
- L'homme possède des tétons qui, en l'absence d'hormones féminines, ne se transforment pas en seins. C'est une caractéristique anatomique, héritée d'une contrainte de construction embryonnaire.

3 Les difficultés obstétriques, un compromis sélectif

- L'acquisition de la bipédie chez l'être humain est associée à une modification de la forme du bassin. Cela peut poser des problèmes, lors de l'accouchement, pour le passage de la tête de l'enfant.
- Il s'agit d'un compromis sélectif entre l'avantage lié à la bipédie et la taille du bassin nécessaire à la pérennité de l'espèce.

À noter

Pour 3 à 6 % des accouchements dans le monde, le bébé ne peut passer par les voies naturelles, ce qui implique la réalisation d'une césarienne.

ZOOM

Vers une disparition des dents de sagesse

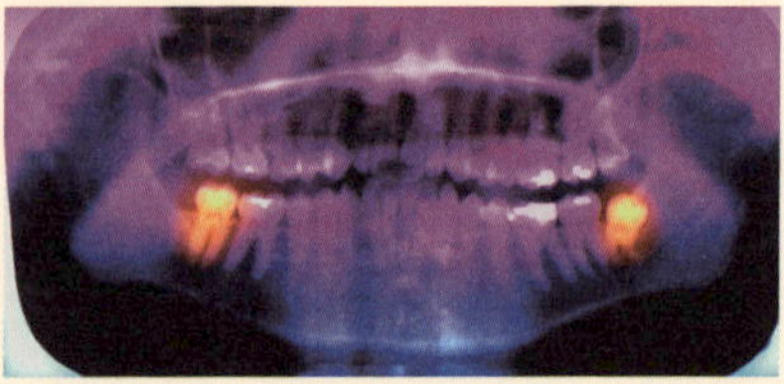

De plus en plus de personnes naissent sans dents de sagesse. Cette régression pourrait s'expliquer par une diminution de la taille des mâchoires au cours de l'évolution, et la consommation d'aliments plus mous que dans le passé.

La santé et l'agriculture face à l'évolution

40

☐ OK

Les concepts de variation et de sélection naturelle sont applicables aux pratiques humaines médicales et agricoles, et permettent de porter un regard critique sur certaines de leurs conséquences.

I Regard évolutif sur la résistance microbienne

1 Le développement de résistances chez les microbes

- Les **microorganismes pathogènes** peuvent évoluer très rapidement et devenir résistants aux traitements médicamenteux conventionnels.
- Dans le cas d'une **infection bactérienne**, on utilise des **antibiotiques** pour éliminer les bactéries. Ils bloquent leur multiplication.
- Des **mutations** interviennent constamment, de manière aléatoire, dans le génome bactérien. Certaines mutations peuvent amener une bactérie et ses descendantes à développer une **résistance à une famille d'antibiotiques**. On parle de souche de bactéries résistantes.
- La résistance peut également être acquise par **transfert de matériel génétique** entre bactéries. Il peut ainsi se former des **souches multi-résistantes** à de nombreuses familles d'antibiotiques.

DOC. Transfert de gène(s) de résistance entre deux bactéries

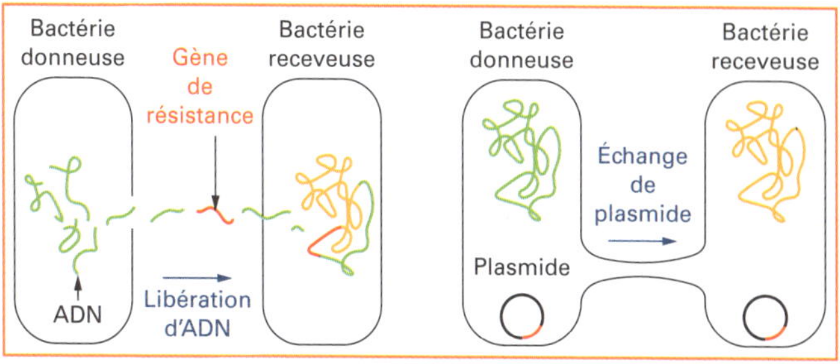

- L'utilisation d'un antibiotique conduit à la mort des bactéries sensibles, tandis que les bactéries résistantes survivent et se multiplient. Les antibiotiques exercent donc une pression de sélection sur les populations bactériennes, favorisant le développement des souches résistantes. On parle de **sélection naturelle**.

2 Les mesures pour limiter l'usage des antibiotiques

- Des souches résistantes à de multiples antibiotiques sont apparues au XXe siècle, en raison de l'usage massif d'antibiotiques et de leur mauvaise utilisation (posologie ou durée des traitements inadaptées, etc.).

- Plusieurs mesures permettent de limiter l'apparition de souches résistantes :
  - usage modéré des antibiotiques ;
  - mesures prophylactiques, comme la désinfection des mains et des surfaces en milieu hospitalier ;
  - développement de nouveaux vaccins, même si des résistances peuvent aussi se développer…

À noter

Une vaccination de tous les enfants contre le pneumocoque permettrait d'éviter 11 millions de journées de traitements aux antibiotiques par an dans le monde.

II Regard évolutif sur les pratiques agricoles

- La révolution agricole s'est accompagnée de la modification des pratiques agricoles, afin d'obtenir de meilleurs rendements dans les cultures.

- La domestication des plantes sauvages puis le développement de plantes hybrides ont conduit au développement de variétés cultivées présentant de multiples avantages pour l'agriculteur. Il s'agit ici d'une sélection artificielle.

Mais ces pratiques agricoles sélectives conduisent aussi à une uniformisation des cultures et donc à une chute de la biodiversité végétale au sein des agrosystèmes.

- De même, l'usage de produits phytosanitaires élimine de manière peu sélective de multiples insectes, ravageurs ou non des cultures, dans les champs. Cela se traduit par une chute de la biodiversité animale dans les agrosystèmes et tend à sélectionner les ravageurs qui développent des résistances aux pesticides.

ZOOM

Vers un appauvrissement de la biodiversité ?

Des études récentes, réalisées à proximité de champs en culture conventionnelle (avec produits phytosanitaires qui éradiquent herbes, insectes et vers), montrent que le pipit farlouse, qui se nourrit d'insectes et de vers, a perdu 68 % de sa population en une vingtaine d'années.

Pipit farlouse avec une chenille

Quiz EXPRESS

41

Avez-vous bien révisé les fiches 39 et 40 ? On vérifie !

L'évolution comme grille de lecture

1 L'anatomie humaine, produit d'une histoire évolutive

FICHE 39

1. De quoi dépend l'apparition de nouvelles structures anatomiques ?

- ☐ a. de mutations et de la sélection naturelle
- ☐ b. de duplications et de mutations
- ☐ c. de duplications et de la sélection naturelle

2. Qu'est-ce qui explique la conservation des yeux au cours de l'évolution ?

- ☐ a. la sélection naturelle
- ☐ b. le hasard

3. De quoi le téton masculin chez les mammifères est-il le résultat ?

- ☐ a. d'une contrainte de construction
- ☐ b. d'un compromis sélectif
- ☐ c. de duplications et de la sélection naturelle

2 La santé et l'agriculture face à l'évolution

FICHE 40

1. Comment la résistance bactérienne aux antibiotiques apparaît-elle ?

- ☐ a. par mutation
- ☐ b. par sélection naturelle
- ☐ c. par transfert de plasmide

2. Que peut-on expliquer par la sélection naturelle concernant les populations bactériennes ?

- ☐ a. la multiplication de souches sensibles aux antibiotiques
- ☐ b. la multiplication de souches résistantes aux antibiotiques
- ☐ c. l'existence de souches multi-résistantes

CORRIGÉS

1 Quand l'anatomie révèle son histoire évolutive

1. Réponse b.

L'apparition de nouvelles structures anatomiques dépend de duplications et de mutations. Les réponses **a** et **c** sont fausses, car la sélection naturelle n'est en rien responsable de l'apparition de nouvelles structures anatomiques. La sélection naturelle agit sur une diversité qui existe déjà et conduit à des variations de la fréquence des caractères dans un milieu donné.

Mots clés

- La **mutation** est la modification de la séquence de nucléotides d'un gène.
- La **duplication** est l'apparition d'une copie d'un gène qui agrandit la taille du génome.

2. Réponse a.

La réponse **b** est fausse, car le hasard ne peut pas expliquer la conservation d'un organe présent dans autant de groupes et d'espèces vivantes, d'autant plus que cet organe confère un avantage aux individus qui le possèdent.

3. Réponse a.

- La réponse **b** est fausse, car le téton masculin ne présente aucun avantage sélectif. Il ne peut donc pas être le résultat d'un compromis sélectif.
- La réponse **c** est fausse, car il n'y a pas de différences génétiques concernant le téton entre une femelle et un mâle de la même espèce de vertébrés. De plus, il ne confère aucun avantage aux mâles.

2 La santé et l'agriculture face à l'évolution

1. Réponses a et c.

La réponse **b** est fausse, car la sélection naturelle ne fait pas apparaître de nouveaux caractères et n'agit que sur une diversité déjà existante.

2. Réponses b et c.

- La réponse **c** est vraie car plus une souche est résistante plus son avantage sélectif est fort et plus elle est susceptible d'être avantagée dans le cadre de la sélection naturelle.
- La réponse **a** est fausse, car la sélection naturelle conduit à éliminer les bactéries sensibles aux antibiotiques.

Un Homme parmi les Primates

42

☐ OK

L'Homme est un Primate. Il partage des caractères communs avec les grands singes : gibbon, orang-outan, gorille et chimpanzé.

I | La construction des arbres phylogénétiques

Un arbre phylogénétique représente, de manière schématique, les **liens de parenté** entre différentes espèces. Il est fondé sur le partage de caractères communs, encore appelés **innovations évolutives**. Les espèces qui partagent une innovation évolutive l'ont héritée d'un ancêtre commun, première espèce chez qui elle est apparue. Les **plus proches parents de l'homme** sont le **chimpanzé** et le **gorille**. Ils partagent plusieurs innovations évolutives.

Mot clé

Un **ancêtre commun** est hypothétique ; il est placé aux nœuds de l'arbre tandis que les innovations évolutives se situent entre les nœuds.

DOC. 1a. Matrice taxons-caractères pour quelques Primates

	Queue	Narines	Appendice nasal	Terminaison des doigts	Pouce
Homme	Absente	Rapprochées	Nez	Ongles	Opposable
Chimpanzé	Absente	Rapprochées	Nez	Ongles	Opposable
Tarsier	Présente	Écartées	Nez	Ongles	Opposable
Gorille	Absente	Rapprochées	Nez	Ongles	Opposable
Macaque	Présente	Rapprochées	Nez	Ongles	Opposable

Les innovations évolutives figurent en bleu (d'après le logiciel Phylogène, INRP).

DOC. 1b. Arbre phylogénétique correspondant

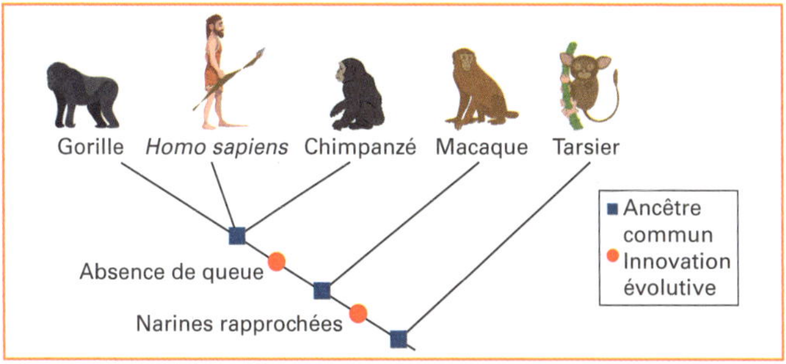

II L'apport des données moléculaires

- La comparaison de molécules (gènes et protéines) a permis de préciser une parenté plus étroite entre l'Homme et le chimpanzé qu'avec les autres espèces. Ils partagent un ancêtre commun plus récent.

- L'**ancêtre commun à l'Homme et au chimpanzé** n'était ni un Homme, ni un chimpanzé, mais il devait posséder des caractéristiques communes aux deux espèces. Son âge est estimé aux alentours de **7 millions d'années (Ma)**.

À noter

On peut comparer les gènes partagés par deux espèces différentes mais aussi les séquences d'acides aminés des protéines correspondantes.

- Les **génomes** de l'Homme et du chimpanzé sont **semblables** à près de **99 %** et leurs caryotypes ne diffèrent que par la position de certains gènes sur les chromosomes.

L'Homme possède 23 paires de chromosomes et le chimpanzé 24, le chromosome 2 de l'Homme correspondant à la fusion des chromosomes 2p et 2q du chimpanzé.

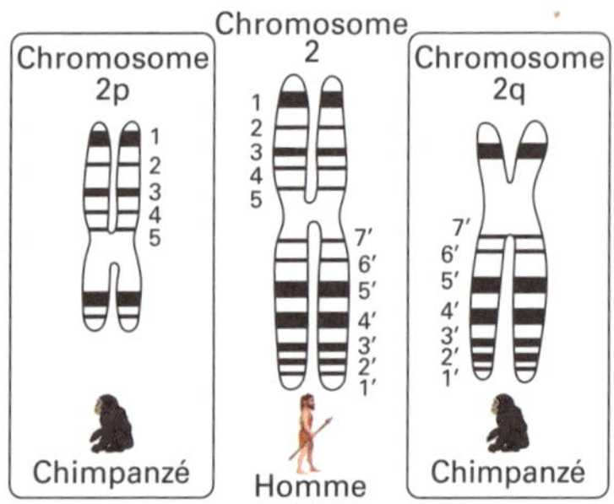

ZOOM

Nos plus proches parents menacés

L'extinction définitive des grands singes, nos plus proches parents, dans la nature est prévue dans les 25 à 50 prochaines années si rien n'est fait pour l'enrayer. La destruction de leur habitat, par la déforestation et le braconnage notamment, menacent leur survie.

L'orang-outan de Bornéo (Indonésie) est une espèce en péril.

L'histoire de nos origines

43

☐ OK

Les fossiles ont permis de reconstituer l'histoire de nos origines. Certains de nos ancêtres vivaient il y a 7 millions d'années et possédaient déjà des innovations évolutives propres à la lignée humaine.

I L'étude d'un fossile d'Australopithèque

1 Les caractéristiques du crâne

- Les **Australopithèques**, dont fait partie *Australopithecus afarensis*, ont un **faible volume crânien** et une **mandibule en forme de U** proches de ceux du chimpanzé. De plus, leur mâchoire est projetée vers l'avant : on parle de prognathisme, comme pour le chimpanzé (doc. 1).

DOC. 1. Comparaison de 3 crânes de Primates

	Chimpanzé	*Australopithecus afarensis*	*Homo sapiens*
Forme du crâne	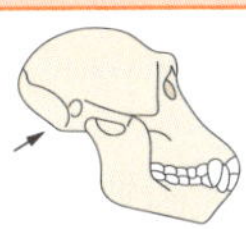	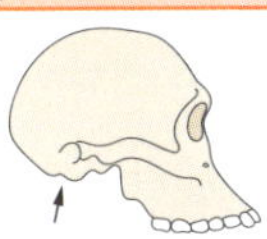	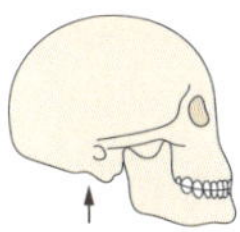
Volume crânien	320 à 480 cm^3	450 à 530 cm^3	1 300 à 1 500 cm^3
Mandibule	en forme de U	en forme de U	parabolique

Sur les trois schémas, la flèche indique la position et l'orientation du trou occipital.

- Le trou occipital des Australopithèques a une position intermédiaire entre celle du chimpanzé, qui se trouve vers l'arrière, et celle d'*Homo sapiens*, centrée.

> **Mot clé**
> Le **trou occipital** est l'orifice à la base du crâne où s'insère la colonne vertébrale. Sa position renseigne sur la bipédie.

2 Les caractéristiques du squelette

- Le **bassin** des **Australopithèques**, **court et large** (doc. 2, page suivante), ressemble beaucoup à celui d'*Homo sapiens*, ce qui a permis d'attester qu'ils étaient **bipèdes**.

Les Australopithèques grimpaient mieux aux arbres que *Homo sapiens*, mais avaient un style de bipédie moins efficace.

● La bipédie des Australopithèques est une des innovations évolutives caractéristiques de la lignée humaine, mais la morphologie de leur crâne ne permet pas de les classer dans le genre *Homo*. Ils partagent un ancêtre commun avec le genre *Homo* et ont vécu en Afrique de –4,2 Ma à –2 Ma environ.

DOC. 2. Vue frontale et supérieure du bassin de trois primates

	Vue frontale	Vue supérieure
Chimpanzé (Pan troglodytes)	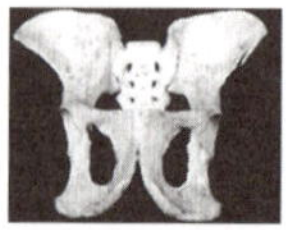	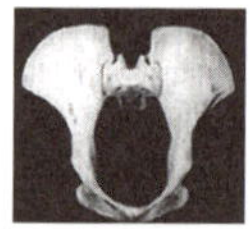
***Australopithecus afarensis* (Lucy)**	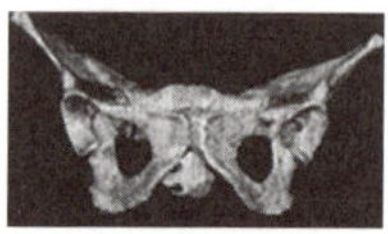	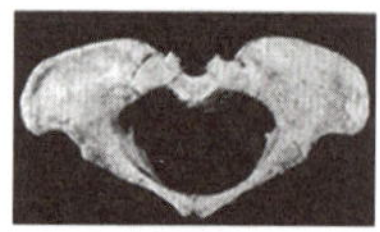
Homme moderne *(Homo sapiens)*	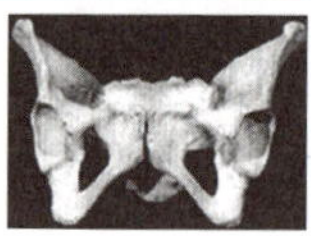	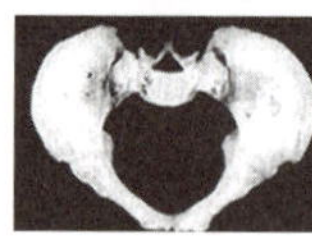

D'après *Journal of Human Evolution*.

II Des liens de parenté souvent remis en cause

Les fossiles plus anciens que les Australopithèques, très incomplets, révèlent aussi l'existence d'individus bipèdes. Ils sont datés de –6 à –7 Ma, comme c'est le cas pour Toumaï (*Sahelanthropus tchadensis*), ou de –6 Ma pour *Orrorin tugenensis*. Ces fossiles, tous découverts en Afrique, font partie de la lignée humaine et ont permis de situer la séparation entre la lignée du chimpanzé et celle du genre *Homo* avant 7 Ma. La découverte de nouveaux fossiles interroge régulièrement les paléontologues et peut remettre en cause des liens de parenté.

ZOOM

Australopithecus sediba

En 2008, en Afrique du Sud, le professeur américain Lee Berger découvre deux fossiles datés entre –1,95 Ma et –1,78 Ma, dotés d'une mosaïque de caractères partagés par les Australopithèques et les premiers représentants du genre *Homo*. L'appartenance de ces fossiles à l'un ou l'autre de ces deux genres est actuellement encore discutée.

L'évolution buissonnante du genre *Homo*

44

☐ OK

Le genre *Homo* regroupe l'Homme actuel *(Homo sapiens)* et plusieurs espèces fossiles qui partagent avec lui des innovations évolutives. Certaines de ces espèces ont cohabité les unes avec les autres.

I Les relations de parenté au sein du genre *Homo*

- Des fossiles ayant de nombreuses caractéristiques en commun avec *Homo sapiens* ont été découverts en Afrique, en Asie, en Europe, au Proche-Orient et au Moyen-Orient. De par leurs caractères, ils ont été classés dans le **genre *Homo***.
- Les squelettes fossiles du genre *Homo* possèdent une **face réduite**, une **capacité crânienne élevée** (entre 800 et 1 500 cm^3), et sont **parfaitement bipèdes**, ce qui a permis à leurs représentants de migrer hors du continent africain.
- Les premiers représentants du genre *Homo* sont âgés de –2,5 Ma (***Homo habilis***, ***Homo rudolfensis***) et ont cohabité avec les espèces ***Homo ergaster*** puis ***Homo erectus*** (vers –2 Ma). ***Homo neanderthalensis*** (–300 000 ans) et ***Homo sapiens*** (–200 000 ans) ont ensuite fait leur apparition (doc. 1).

À noter

En 2017, au Maroc, ont été trouvés les plus anciens fossiles d'*Homo sapiens*. Datés de –300 000 ans, ils repousseraient l'origine de notre espèce de 100 000 ans.

- **Plusieurs espèces de la lignée humaine ont donc cohabité** sur notre planète, même si, depuis 30 000 ans, le genre *Homo* ne compte plus qu'une seule espèce : *Homo sapiens*.
- On n'a certainement pas encore retrouvé toutes les espèces qui ont peuplé la Terre, et des découvertes de nouveaux fossiles ont lieu régulièrement comme avec l'**Homme de Denisova** en 2010. Il vivait sur le plateau tibétain il y a 160 000 ans et a cohabité avec l'Homme de Néandertal dans la grotte de Denisova, en Sibérie. Il partage avec lui des caractères morpho-anatomiques.
- Les analyses ADN suggèrent des mélanges entre populations de Denisova, de Néandertal et d'*Homo sapiens*.
- L'Homme de Néandertal a disparu il y a 40 000 ans, après une cohabitation de plus de 10 000 ans avec *Homo sapiens*.

II Les caractères transmis de manière non génétique

- L'**utilisation d'outils variés** a souvent été associée au genre *Homo*, mais de nombreux singes en utilisent aussi. Ce comportement est transmis de génération en génération, par l'apprentissage. En revanche, les représentants du genre *Homo* ont rendu les outils plus efficaces, plus perfectionnés.

- Les **activités culturelles** ne sont pas exclusivement attribuées à ***Homo sapiens***. L'**homme de Néandertal** fabriquait déjà des bijoux et pourrait aussi être à l'origine des peintures pariétales découvertes dans plusieurs grottes en Espagne.

> **Mot clé**
> Le **microbiote** est l'ensemble des micro-organismes vivant sur notre peau, dans notre intestin par exemple.

- Les **habitudes alimentaires**, le **langage** et le microbiote sont aussi transmis de façon non génétique.

DOC. Répartition dans le temps des espèces du genre *Homo*

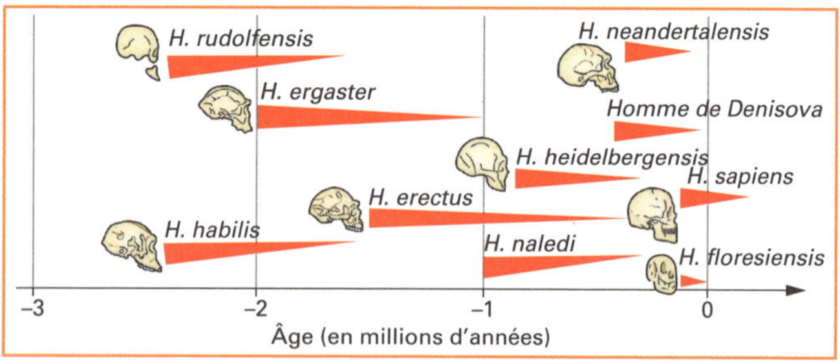

ZOOM

Reconstitution d'*Homo neanderthalensis*

- L'Homme de Néandertal n'a pas complètement disparu puisque nous avons hérité de 1 à 3 % de son génome. Il était suffisamment proche d'*Homo sapiens* pour pouvoir se reproduire avec lui.
- Les découvertes récentes nous montrent que l'Homme de Néandertal était beaucoup plus intelligent qu'on ne le pensait. Il façonnait des outils complexes et même des bijoux.

*FLASH*CARDS

Mémorisez les idées clés des fiches 42 à 44.

45

L'évolution humaine

1

Quels sont les grands singes ?

▶ FICHE 42

2

Où sont placées les innovations évolutives dans un arbre phylogénétique ?

▶ FICHE 42

3

Quelles données établissent une parenté étroite entre l'Homme et le chimpanzé ?

▶ FICHE 42

4

Pourquoi la survie des grands singes est-elle actuellement menacée ?

▶ FICHE 42

5

Quelle caractéristique du squelette des Australopithèques atteste de leur bipédie ?

▶ FICHE 43

6

Pourquoi les paléontologues remettent-ils parfois en cause les liens de parenté au sein des primates ?

▶ FICHE 43

7

Quels sont les premiers représentants du genre *Homo* ?

▶ FICHE 44

8

Quels caractères sont transmis de manière non génétique ?

▶ FICHE 44

RÉPONSES

Pour mieux ancrer les connaissances, découpez les cartes et jouez avec !

1

Les **grands singes** sont :
- le gibbon ;
- l'orang-outan ;
- le gorille ;
- le chimpanzé.

2

Les **innovations évolutives** sont toujours placées entre les nœuds dans un arbre phylogénétique.

3

Ce sont les **données moléculaires** (comparaisons de protéines et de gènes) qui ont permis d'établir une parenté étroite entre l'Homme et le chimpanzé.

4

La **survie des grands singes** est actuellement menacée à cause de la destruction de leur habitat par la déforestation et à cause du braconnage.

5

Le **bassin court et large** du squelette des Australopithèques, comparable à celui d'*Homo sapiens*, a permis d'attester de leur **bipédie**.

6

La **découverte de nouveaux fossiles** peut parfois remettre en cause les liens de parenté au sein des primates.

7

Les **premiers représentants du genre *Homo*** sont *Homo habilis* et *Homo rudolfensis*, âgés de –2,5 Ma.

8

Les **caractères sont transmis de manière non génétique** sont par exemple l'utilisation des outils, les activités culturelles, le langage, les habitudes alimentaires ainsi que le microbiote.

Le modèle linéaire appliqué à la démographie

46

☐ OK

Une population évolue de manière linéaire si elle varie d'une quantité quasi-constante d'un palier au suivant.

I Le modèle linéaire

- On considère une grandeur discrète, par exemple le nombre d'individus d'une population. Sa valeur initiale (au début de l'étude) est notée $u(0)$; n étant un entier naturel. On note ensuite $u(n)$ la valeur au palier n, c'est-à-dire après n unités de temps (années, mois, jours, etc.).

Mots clés

- Une **grandeur discrète** est une grandeur mesurée à des intervalles de temps réguliers, et non de manière continue.
- La **variation absolue** est la différence des valeurs prises à deux paliers successifs.

- On dit que la grandeur varie de manière linéaire si et seulement si sa variation absolue $u(n+1)-u(n)$ est constante, c'est-à-dire indépendante de la valeur de l'entier n.

- La suite de terme général $u(n)$ est une suite arithmétique ; on passe d'un terme au suivant en ajoutant un nombre fixe r – la raison – positif ou négatif ; cette raison est la constante $r = u(n+1)-u(n)$.

On dit aussi que les nombres $u(n)$ sont en progression arithmétique.

- Pour tout entier naturel n, on a : $u(n) = u(0) + n \times r$. Si f est la fonction telle que, pour tout entier naturel n, $u(n) = f(n)$, alors f est une fonction affine.

• Si $r > 0$, la suite de terme général $u(n)$ est croissante.

La grandeur augmente au cours du temps.

• Si $r = 0$, la suite de terme général $u(n)$ est constante.

La grandeur est constante, elle ne varie pas au cours du temps.

• Si $r < 0$, la suite de terme général $u(n)$ est décroissante.

La grandeur diminue au cours du temps.

- La représentation graphique de la suite, dans un repère $\mathcal{R}$ du plan, est l'ensemble des points de coordonnées $(n\,;u(n))$. Ces points appartiennent à la droite représentant la fonction f, ils sont donc alignés.

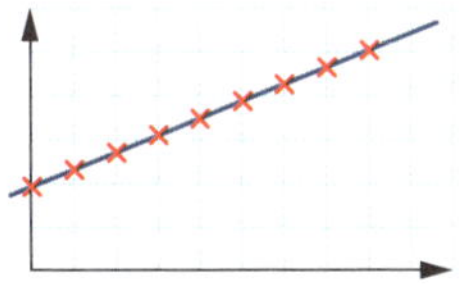

II La modélisation de l'évolution d'une population

1 L'ajustement d'un nuage de points

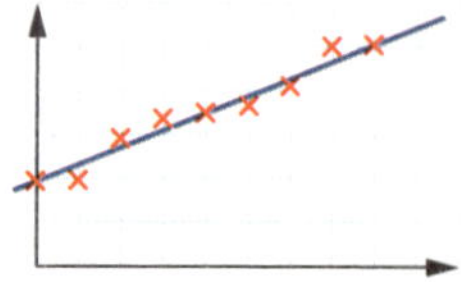

Pour une grandeur dont la variation absolue est presque constante, c'est-à-dire ne connaît pas de différences importantes d'un palier au suivant, les points du nuage qui représente son évolution sont presque alignés. On peut ajuster ce nuage par une droite. Mais le modèle linéaire est inadapté pour des grandeurs dont la variation absolue change fortement d'un palier au suivant.

À noter

On « approxime » le nuage de points par une droite : on parle d'**ajustement affine.**

2 Les méthodes pour établir une droite d'ajustement

- Il existe différentes méthodes pour déterminer une droite d'ajustement passant au plus près des points du nuage.
- Les deux méthodes les plus utilisées sont les suivantes.

• La méthode de Mayer (XVIIIe siècle) : les points du nuage sont partagés, par ordre d'abscisses croissantes, en deux sous-groupes de même effectif ; la droite de Mayer passe par les points moyens des deux sous-nuages ainsi définis.

• La méthode des moindres carrés, élaborée par Legendre et Gauss (XIXe siècle) : on détermine la droite telle que la somme des carrés des distances de chaque point du nuage au point de la droite de même abscisse soit minimale. On montre que cette droite est unique et qu'elle passe par le point moyen du nuage ; on l'appelle droite de régression de y en x.

ZOOM

La projection orthogonale sur une droite

On peut aussi déterminer la droite telle que la somme des carrés des distances des points du nuage à la droite soit minimale. On montre qu'une telle droite existe et est unique, et qu'elle passe par le point moyen G du nuage. On parle alors de régression orthogonale. En effet, la distance d'un point à une droite est la distance de ce point à son projeté orthogonal sur la droite.

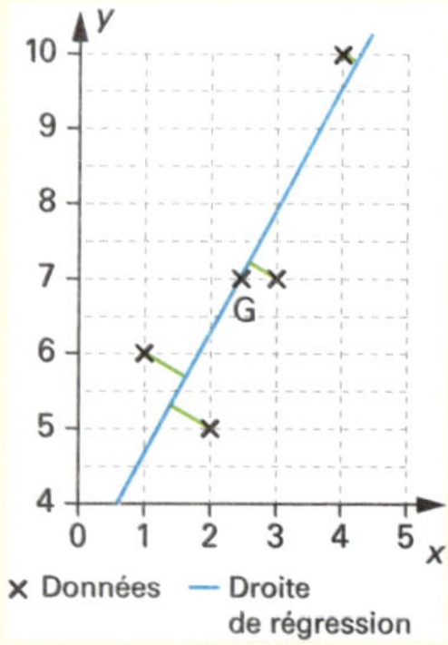

Le modèle exponentiel appliqué à la démographie

47

☐ OK

Une population évolue de manière exponentielle si son taux de variation entre deux paliers successifs est constant ou presque.

I Le modèle exponentiel

On considère, comme précédemment, une grandeur discrète de valeur initiale $u(0)$; n étant un entier naturel, on note également $u(n)$ la valeur au palier n.

- On dit que la grandeur varie de manière exponentielle si et seulement si sa variation absolue $u(n+1)-u(n)$ est proportionnelle à sa valeur courante $u(n)$ (sa valeur au palier n).
- Une grandeur varie de manière exponentielle si et seulement si son taux de variation est constant, égal au pourcentage d'évolution (positif ou négatif) entre deux paliers successifs.
- Alors le quotient $\frac{u(n+1)}{u(n)}$ des valeurs à deux paliers successifs est lui aussi constant, indépendant du palier n. On le note q. C'est un nombre positif. La suite de terme général $u(n)$ est une suite géométrique, on passe d'un terme au suivant en multipliant par le nombre q supérieur ou inférieur à 1. q est la raison de la suite.

Mot clé

Le nombre qui permet, par multiplication, de passer d'un terme au suivant dans une suite géométrique se nomme **raison**.

On dit aussi que les nombres $u(n)$ sont en progression géométrique.

- Pour tout entier naturel n, on a : $u(n) = u(0) \times q^n$.
- Si la grandeur augmente de t % par palier, alors $q = 1 + \frac{t}{100}$ et $q > 1$.

Si elle diminue de t % par palier, alors $q = 1 - \frac{t}{100}$ et $q < 1$.

- Si $q > 1$, la suite de terme général $u(n)$ est croissante.
- La grandeur augmente au cours du temps.
- Si $q = 1$, la suite de terme général $u(n)$ est constante.
- La grandeur est constante, elle ne varie pas au cours du temps.
- Si $q < 1$, la suite de terme général $u(n)$ est décroissante.

La grandeur diminue au cours du temps.

- Les points du nuage appartiennent à la courbe représentative d'une fonction exponentielle. Dans la réalité, pour une population dont le taux de variation est presque constant d'un palier au suivant, le nuage de points peut être ajusté par une courbe conforme au modèle exponentiel.

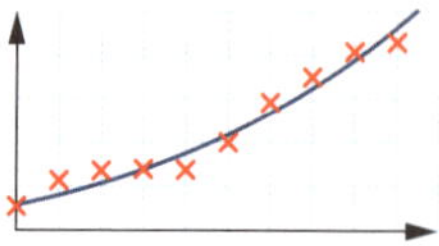

II Le modèle de Malthus

- L'économiste britannique Thomas Malthus affirme, vers la fin du XVIIIe siècle, qu'une population s'accroît géométriquement, c'est-à-dire en suivant un modèle exponentiel, si elle n'est pas freinée.
- Si on note $P(n)$ la population au palier n, sa croissance se traduit par une relation du type $P(n+1) = \lambda P(n)$, où λ, appelé paramètre malthusien, dépend du rapport entre le taux de natalité (rapport du nombre de naissances à la population totale) et le taux de mortalité (rapport du nombre de morts à la population totale), que Malthus suppose constants.
- En parallèle, il prédit mathématiquement que l'accroissement des ressources indispensables à la survie de la population suit un modèle linéaire, c'est-à-dire qu'elles croissent de façon arithmétique. Cette croissance étant bien plus lente que celle de la population, il en déduit le caractère inévitable de catastrophes démographiques, à moins de limiter la croissance de la population.

ZOOM

La catastrophe des rennes de l'île Saint-Matthieu

- En 1944, 29 rennes sont introduits sur l'île Saint-Matthieu, située dans la mer de Béring entre Alaska et Russie Orientale, sans prédateur et riche en lichen dont se nourrissent les rennes.

- En 1957, on y comptait 1 350 rennes, puis 6 000 en 1963. En 1966, il n'en restait que 42.
- On a conclu à une « catastrophe malthusienne » : la population des rennes s'est accrue au-delà de ce que les ressources disponibles pouvaient soutenir, puis s'est brutalement effondrée.

L'évolution des modèles démographiques

48

☐ OK

Le choix d'un modèle passe notamment par la confrontation des résultats « théoriques » aux observations concrètes. Dans le cadre du monde du vivant, extrêmement variable, la tâche est complexe.

I Les limites du modèle de Malthus

- Le modèle de Malthus n'est pas adapté à toutes les situations, en particulier quand il s'agit d'étudier les populations humaines. Considérant que la population est isolée, ne tenant pas compte d'éventuels facteurs extérieurs (migrations, guerres, épidémies, etc.), ni de la capacité de l'être humain à améliorer sa productivité, il n'est généralement valide que sur le court terme.
- Par ailleurs, même si le milieu contient les ressources nécessaires, une population ne peut pas augmenter exponentiellement jusqu'à l'infini. Des phénomènes d'autorégulation se mettent en place.

Une population dite « normale » a accès à ce dont elle a besoin pour vivre (nourriture notamment). On fait alors l'hypothèse que la diminution du taux de croissance de la population (son affaiblissement) est proportionnelle à la population surabondante (au-delà de la population normale). Cela conduit à l'élaboration du modèle logistique de Verhulst.

II Le modèle logistique de Verhulst

- Précurseur des études démographiques, Adolphe Quetelet considère que la loi d'accroissement d'une population est une loi physique : la somme des obstacles à l'accroissement d'une population est proportionnelle au carré de la vitesse à laquelle cette population tend à croître.
- Vers 1840, sous l'impulsion de Quetelet, le mathématicien Pierre-François Verhulst s'intéresse à son tour à la « théorie de la population » ; il prend comme bases les intuitions de Malthus, et applique des correctifs, prenant en compte la limitation de la population.
- Verhulst considère que plus une population augmente, plus son taux de natalité diminue et plus son taux de mortalité augmente. Selon lui, pour chaque population, il existe une taille limite (liée à la capacité d'accueil du milieu), en deçà de laquelle on doit rester pour une cohabitation « harmonieuse » avec l'écosystème. Il affirme que, quelle que soit sa valeur d'origine, la population tend vers cette « taille limite ».

- Le modèle logistique d'évolution d'une population de Verhulst peut être représenté par une courbe en S (courbe sigmoïde).
- Conscient des limites de son modèle, Verhulst pose comme principe que toutes les lois que l'on peut poser doivent admettre un maximum.

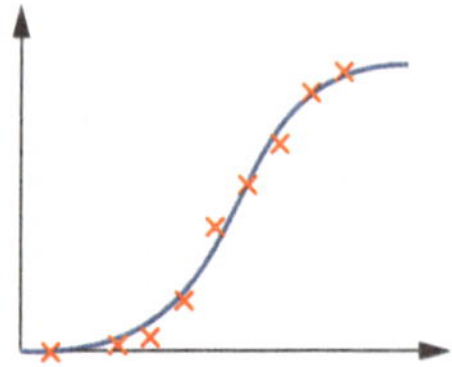

III Les évolutions actuelles des modèles

1 Les modèles « structurés en âges »

Les modèles de Malthus et de Verhulst supposent un taux de reproduction (différence entre le taux de natalité et le taux de mortalité) identique pour tous les individus.

Ce taux dépend en réalité de l'âge des individus. Le modèle de Leslie (1900-1972) tient compte de cette structuration de la population ; il utilise des matrices.

Mot clé

Une **matrice** est un tableau de nombres permettant d'effectuer des calculs.

2 Des modèles de plus en plus élaborés

Des modèles encore plus élaborés prennent en compte d'autres paramètres, comme les limites environnementales (épuisement des ressources non renouvelables par exemple). Le développement de l'informatique a favorisé la création de modèles basés sur des calculs complexes. Certains modèles prévoient que la population mondiale atteindra environ 10 milliards d'êtres humains en 2050.

ZOOM

Le modèle AquaCrop et la gestion de l'eau

AquaCrop est un modèle de simulation de croissance des cultures développé depuis 2009 par la FAO (Food and Agriculture Organization, agence de l'ONU). Il permet notamment d'optimiser l'irrigation des parcelles cultivées en cas de pénurie d'eau.

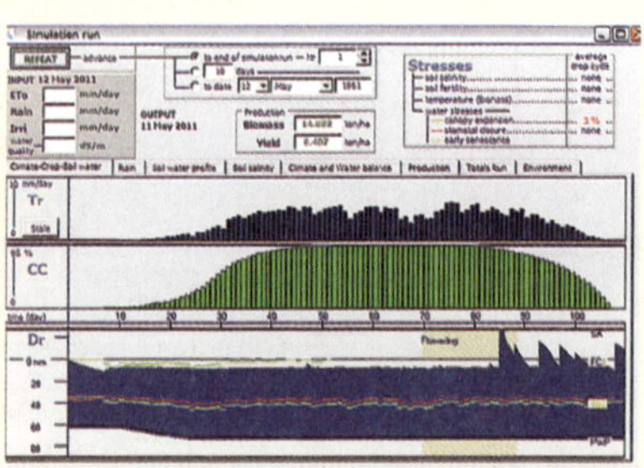

Quiz EXPRESS

49

Avez-vous bien révisé les fiches 46 à 48 ? On vérifie !

Les modèles démographiques

1 Le modèle linéaire appliqué à la démographie

▶ FICHE 46

1. Si une grandeur varie de manière linéaire, alors :

☐ a. sa variation absolue est constante.

☐ b. sa variation absolue augmente de palier en palier.

☐ c. sa variation absolue diminue de palier en palier.

2. Si la variation absolue d'une grandeur d'un palier au suivant est constante, alors :

☐ a. les points représentant cette grandeur appartiennent à une parabole.

☐ b. ses valeurs sont des termes d'une suite arithmétique.

☐ c. ses valeurs sont des termes d'une suite géométrique.

2 Le modèle exponentiel appliqué à la démographie

▶ FICHES 47 ET 48

1. Si une grandeur varie de manière exponentielle, alors :

☐ a. sa variation absolue est constante.

☐ b. sa variation absolue est proportionnelle à sa « valeur courante ».

☐ c. sa variation absolue est proportionnelle au carré de sa « valeur courante ».

2. Si le taux de variation d'une grandeur d'un palier au suivant est constant, alors :

☐ a. les points représentant cette grandeur appartiennent à une droite.

☐ b. ses valeurs sont des termes d'une suite arithmétique.

☐ c. ses valeurs sont des termes d'une suite géométrique.

3. Toute population croît de manière exponentielle d'après le modèle de :

☐ a. Malthus ☐ b. Verhulst

CORRIGÉS

1 Le modèle linéaire appliqué à la démographie

1. Réponse a.
La variation absolue d'une grandeur qui varie de manière linéaire est constante, elle n'augmente pas, elle ne diminue pas. L'écart des valeurs entre deux paliers successifs est toujours le même quels que soient ces paliers. Les réponses **b** et **c** sont donc fausses.

2. Réponse b.

- La réponse **a** est fausse, les points appartiennent à une droite et non à une parabole.
- La réponse **c** est fausse, car on ne passe pas d'une valeur à la suivante en multipliant par un nombre fixe, mais en ajoutant un nombre fixe.

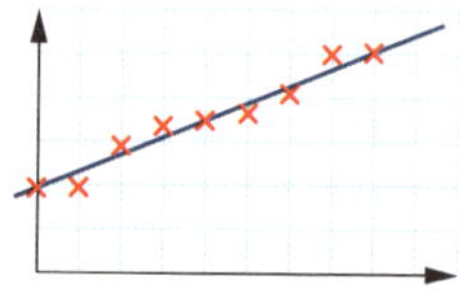

2 Le modèle exponentiel appliqué à la démographie

1. Réponse b.
Les réponses **a** et **c** sont fausses : $u(n+1) - u(n)$ est proportionnel à $u(n)$, donc ni constant, ni proportionnel à $u(n)^2$.

2. Réponse c.

- La réponse **a** est fausse, les points appartiennent à la courbe représentative d'une fonction exponentielle et non à une droite.
- La réponse **b** est fausse, car on ne passe pas d'une valeur à la suivante en ajoutant un nombre fixe, mais en multipliant par un nombre fixe.

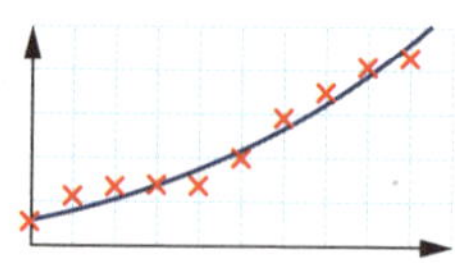

3. Réponse a.
Selon Verhulst, il existe pour chaque population une taille limite liée à la capacité d'accueil du milieu. Son modèle suit donc une courbe sigmoïde.

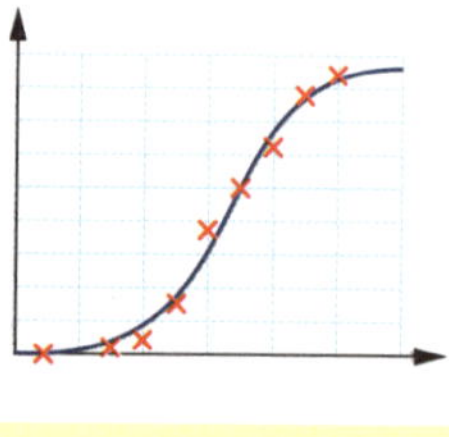

L'histoire de l'informatique et des ordinateurs

50

☐ OK

L'histoire des ordinateurs remonte au milieu du XXe siècle. Ils sont les héritiers de machines, comme les calculateurs ou les métiers à tisser.

I La naissance de l'ordinateur

1 Les premières machines traitant de l'information

- Le **premier calculateur mécanique**, appelé Pascaline, est réalisé par le mathématicien français Blaise Pascal, en 1642. Cette machine peut effectuer les **quatre opérations arithmétiques**.

DOC. 1. **Machine arithmétique de Pascal, 1645**

- Les **premiers systèmes de programmation** sont mis au point par Jacques Vaucanson et Joseph Marie Jacquard, entre 1725 et 1728, pour commander des **métiers à tisser** grâce à des cylindres métalliques perforés. Ils sont adoptés dans le monde entier.
- En 1833, Charles Babbage conceptualise la « **machine analytique** » destinée à résoudre des équations et des opérations complexes.
- La mathématicienne Ada Lovelace (1815-1852) conçoit quant à elle une **suite d'instructions** (cartes perforées) pour la machine de Charles Babbage, ce qui fait d'elle la première programmeuse au monde.

2 La machine de Turing

- La machine de Turing est avant tout un concept abstrait. Imaginée en 1936 par Alan Turing, elle **modélise le fonctionnement d'appareils mécaniques de calcul**, comme les futurs ordinateurs.
- Elle possède une mémoire qui contient un nombre fini d'états, les instructions (programme) et l'alphabet des symboles utilisés.

DOC. 2. **Schéma d'une machine de Turing**

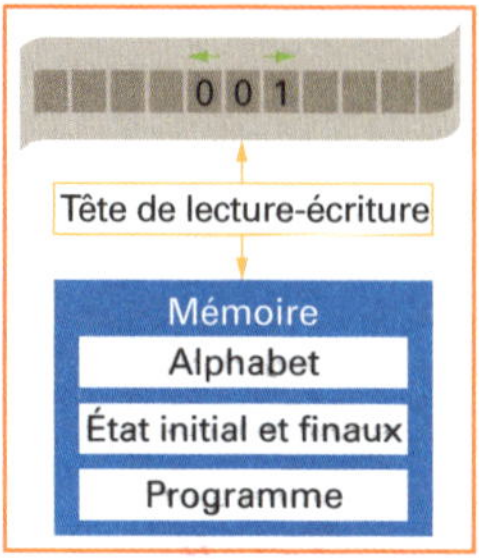

II Les premiers vrais ordinateurs

- Les premiers vrais ordinateurs, créés entre 1937 et 1946, occupent alors des bâtiments entiers et sont programmées pour réaliser des calculs complexes dans des domaines précis (recherche aéronautique, décryptage de codes militaires, balistique).
- Par la suite, l'utilisation des transistors puis des circuits intégrés va permettre de développer des machines plus petites, plus performantes et moins coûteuses.

DOC. 3. Schéma d'un système de traitement des informations

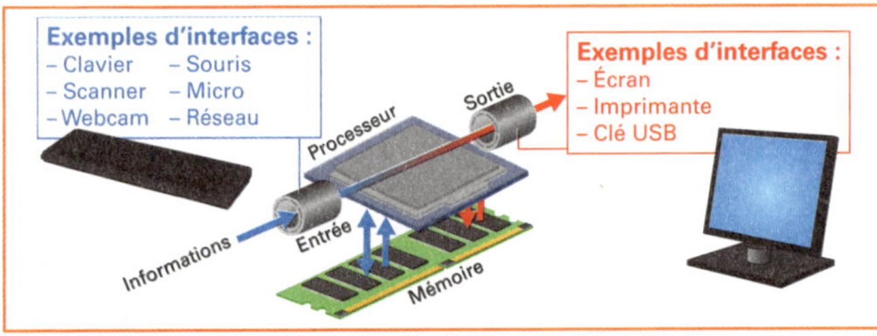

Un ordinateur exécute ses calculs grâce à son processeur qui comprend un nombre limité d'instructions (ex. : lire une donnée, écrire une donnée), représentées par des suites de bits.

- Les ordinateurs permettent la généralisation du traitement de texte ou des bases de données dans les domaines industriels, administratifs ou financiers.
- À partir des années 1970, les ordinateurs se démocratisent, offrant leurs performances au grand public.

À noter

Le mot « **ordinateur** » est inventé en 1955 par IBM. La société cherche alors un terme commercial pour se démarquer du « calculateur », traduction littérale du mot anglais « computer ».

ZOOM

Une machine de Turing dans Minecraft

Vue d'ensemble des mécanismes d'une machine de Turing à l'intérieur du jeu Minecraft

Des programmes et des bugs

51

☐ OK

Un logiciel informatique est composé de plusieurs « programmes », des séquences d'instructions interprétables par une machine.

I Les programmes et les instructions

1 Deux types de programmes

Mot clé

Un **bit** est une unité élémentaire d'information ne pouvant prendre que deux valeurs, notées 0 ou 1.

- On distingue deux types de programmes :
– Les programmes binaires : suite de bits indiquant au processeur les instructions à exécuter, écrits en langage machine.
– Les programmes sources : codes écrits dans un langage de programmation, qui sont ensuite interprétés ou compilés sous une forme binaire.

2 Les langages de programmation

- Un langage machine est une suite de bits interprétée par le processeur d'un ordinateur, composé d'instructions et de données à traiter, codées en binaire. C'est le seul langage que le processeur peut traiter directement, il est dit natif. Les humains n'utilisent que très rarement le langage machine car ce serait laborieux et les programmes ne pourraient pas être utilisés sur des processeurs de marques différentes.

- Un langage de programmation est une notation permettant de coder des instructions complexes, qui seront traduites en langage machine. Il est composé d'un vocabulaire, d'une syntaxe et de règles propres. Il est mis en œuvre par un compilateur ou interpréteur, qui est lui-même un programme. Les langages les plus proches de la machine sont dits de bas niveau (langage C par exemple) alors que les langages plus proches de l'humain sont dits de haut niveau (Python, Javascript, Java).

DOC. 1. Schéma d'exécution d'un programme

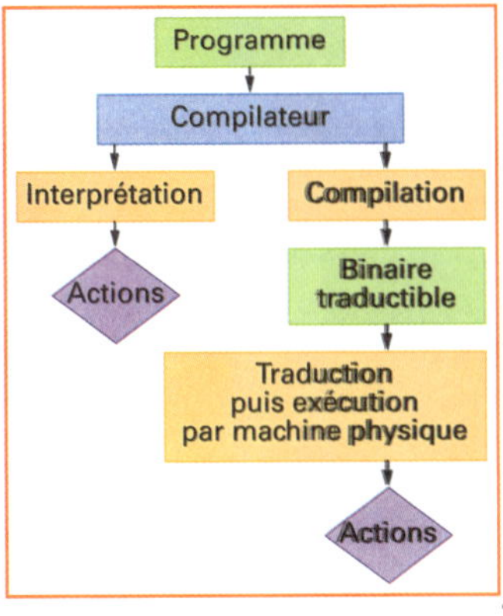

II Les bugs et leurs conséquences

1 Qu'est-ce qu'un bug ?

- Avec le développement de l'informatique, les programmes peuvent atteindre des **millions de lignes de code**, ce qui génère des erreurs.
- En informatique, un bug est un **défaut de conception d'un programme** qui génère un dysfonctionnement. La machine va alors essayer de réaliser une opération impossible ou indésirable.
- Contrairement à d'autres sources de dysfonctionnement, le bug n'est généralement pas d'origine malveillante. Il résulte d'**erreurs humaines** dans le codage : erreur de syntaxe, mauvaise gestion de la mémoire, erreur de variables, etc.

À noter

Le mot « **bug** » (insecte en anglais) vient du jargon des ingénieurs et remonte à 1870.
En français, ce mot a été traduit par « bogue ».

2 Quelles conséquences peut-il avoir ?

Les conséquences d'un bug sont variables : il peut s'agir de simples **problèmes d'affichage**, d'arrêts de logiciels ou du système entier.

DOC. 2. **Écran d'erreur 500 de Google**

ZOOM

Destruction d'Ariane 5

Le 4 juin 1996, lors du vol inaugural de la fusée Ariane 5, un bug informatique provoque le crash d'un des appareils fournissant des données de navigation au pilote automatique. La fusée s'autodétruit peu après le décollage. Ce bug est un des plus coûteux de l'histoire.

L'Intelligence Artificielle

52

☐ OK

Ensemble de théories et de technologies diverses, l'intelligence artificielle permet la résolution de problèmes complexes. Si elle obtient des résultats impressionnants, il faut distinguer la réalité de la fiction.

I Naissance de l'Intelligence Artificielle

1 Définition et origines de l'IA

- L'Intelligence Artificielle ou IA est définie par l'un de ses créateurs, Marvin Lee Minsky, comme « la construction de programmes informatiques s'adonnant à des tâches qui sont, pour l'instant, accomplies de façon plus satisfaisante par des êtres humains, car elles demandent des processus mentaux de haut niveau ».
- Bien que l'idée d'une machine reproduisant les comportements humains remonte aux légendes antiques, ce que l'on nomme aujourd'hui IA est théorisé par Alan Turing en 1950.
- À partir de là, des systèmes de plus en plus performants verront le jour, capables de surpasser l'humain pour des tâches bien précises ou de l'assister au quotidien.

2 Les techniques d'IA

- Il n'existe pas une seule mais plusieurs techniques d'IA, dont la classification est toujours sujette à débat. On peut cependant discerner trois grandes techniques.

• Les systèmes experts reproduisent des opérations précises trop laborieuses ou trop longues à réaliser pour un être humain. Ils permettent gain de temps et aide à la décision (finance, secteur médical).

• La résolution de problèmes détermine la bonne solution ou le meilleur chemin à emprunter en fonction de contraintes de départ (GPS…).

• Le *machine learning* ou apprentissage automatique utilise des méthodes statistiques et d'énormes quantités de données combinées à des algorithmes « auto-apprenants ».

Par extension, les réseaux neuronaux tentent de simuler le fonctionnement synaptique du cerveau humain dans les échanges d'informations et permettent une forme évoluée de *machine learning*, appelée *deep learning*. Celui-ci est très utilisé pour la reconnaissance d'images, bien que les cerveaux humains restent plus efficaces dans ce domaine.

II Applications de l'IA : entre réalité et SF

1 Les applications des IA faibles et fortes

- Les IA actuelles dites faibles trouvent des applications dans une grande variété de domaines : traitement des images et des vidéos, traitement du langage, analyses prédictives, jeux vidéo, automatisation intelligente, conception de robots, santé ou même art.

Pour ces IA faibles, le système se contente de reproduire un comportement spécifique mais ne le comprend pas, il imite l'intelligence humaine dans un domaine précis pour résoudre des problèmes et apprendre. La machine donne donc l'impression d'être intelligente mais ce n'est qu'une simulation.

- Une IA dite forte est capable de comprendre ses propres raisonnements, de réfléchir à ses actions voire d'avoir une conscience de soi et de ses émotions. Elle pourrait ainsi égaler l'humain, voire le dépasser, ce qui pose des questions éthiques.

À noter

L'IA forte n'appartient, pour l'instant, qu'au domaine de la **science-fiction** et l'estimation de sa faisabilité fait toujours débat parmi les spécialistes.

2 Algorithmes et biais

Un des problèmes récurrents avec les différentes IA actuelles, et notamment celles utilisant le *machine learning*, vient du fait qu'on ne se doute pas forcément de comment, et selon quels critères, celle-ci va choisir et faire évoluer son algorithme. Il est donc difficile d'anticiper ses biais et ses erreurs ou discriminations non voulues.

ZOOM

Recrutement chez Amazon : une IA sexiste

En 2018, Amazon met fin à un ambitieux projet visant à construire une IA capable de traiter les candidatures et de repérer les meilleurs talents. Et pour cause, cette IA, constatant que la majorité des employés actuels étaient des hommes, en avait déduit que le critère féminin était disqualifiant et refusait donc systématiquement les candidatures comportant le mot « femme ».

L'apprentissage automatique

53

☐ OK

L'apprentissage automatique, inventé par Arthur Samuel en 1959, est aujourd'hui exploité par une vaste majorité d'IA. L'arrivée du big data a permis de développer encore plus son potentiel.

I Les modes d'apprentissage automatique

1 Principales méthodes d'apprentissage

- Il existe trois grandes méthodes d'apprentissage, toutes basées sur des principes de statistiques et de probabilités, et nécessitant un grand nombre de données (big data).
- L'apprentissage supervisé : apprentissage à partir d'un grand nombre d'exemples où on donne à la machine les données d'entrée et le résultat attendu. Par exemple, en fournissant des milliers de photos de chats à la machine, elle finira par reconnaître des chats dans un jeu d'images.
- L'apprentissage non supervisé, encore balbutiant : apprentissage prédictif dans lequel la machine va « découvrir » les données d'entrée, émettre des « hypothèses » et les vérifier au fur et à mesure.
- L'apprentissage par renforcement : le programme va progresser par essais successifs, en posant une entrée et en testant les sorties possibles.

2 Le deep learning et les réseaux de neurones

- Le *deep learning* est un système d'apprentissage qui s'appuie sur des réseaux de neurones artificiels pour en démultiplier l'efficacité.
- Un réseau de neurones artificiels est un ensemble d'algorithmes qui vont fonctionner comme des neurones formels, c'est-à-dire des représentations mathématiques du fonctionnement d'un neurone biologique. Un tel neurone possède plusieurs entrées et une sortie.

DOC. Schéma simplifié d'un réseau de neurones

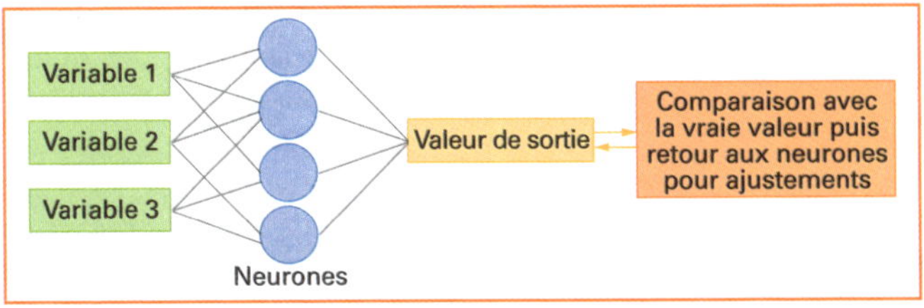

II Les inférences bayésiennes et la mémorisation

- La méthode d'inférence bayésienne permet de calculer les probabilités de causes à partir de l'observation d'évènements connus. La probabilité correspond au degré de confiance à accorder à une cause hypothétique. Dans le cas d'un réseau de neurones, ceux-ci vont alors renforcer le poids des causes les plus probables dans leurs calculs et délaisser celles qui paraissent improbables, un peu comme le ferait un neurone biologique en renforçant les connexions les plus efficaces.
- Cette méthode se base sur le théorème de Bayes ; si A et B sont deux événements relatifs à la même expérience, alors :

$$P_B(A) = \frac{P_A(B) \times P(A)}{P(B)}$$

où $P_B(A)$ est la probabilité conditionnelle de A sachant B, c'est-à-dire la probabilité que A soit réalisé sachant que B est réalisé.

- Cette technique va trouver un intérêt particulier pour effectuer des diagnostics (médicaux ou industriels), modéliser les risques, détecter les spams ou même faire du *data mining*.

Mot clé

Le ***data mining*** consiste à utiliser des techniques automatiques pour extraire des connaissances à partir de quantités massives de données.

ZOOM

AlphaStar contre Starcraft 2

En 2019, le programme AlphaStar de Google DeepMind se hisse parmi les meilleurs joueurs mondiaux du célèbre jeu vidéo de stratégie en temps réel : Starcraft 2. Utilisant le *deep-learning*, grâce à un réseau de neurones, et combinant des méthodes d'apprentissage supervisé et de renforcement, le programme s'entraîne directement à partir de données brutes de parties antérieures.

Achevé d'imprimer en Espagne par Grafo à Basauri
Dépôt légal: n° 06434-8/01 - Octobre 2020